KARL ROBERT

LEÇONS PRATIQUES

DE

DESSIN AU FUSAIN

APPLIQUÉES

AUX

MODÈLES DU COURS DE PAYSAGE

DE

A. ALLONGÉ

PRIX : **6** FRANCS

PARIS

GOUPIL ET Cie, ÉDITEURS

9, RUE CHAPTAL, 9

1876

LEÇONS PRATIQUES

DE

DESSIN AU FUSAIN

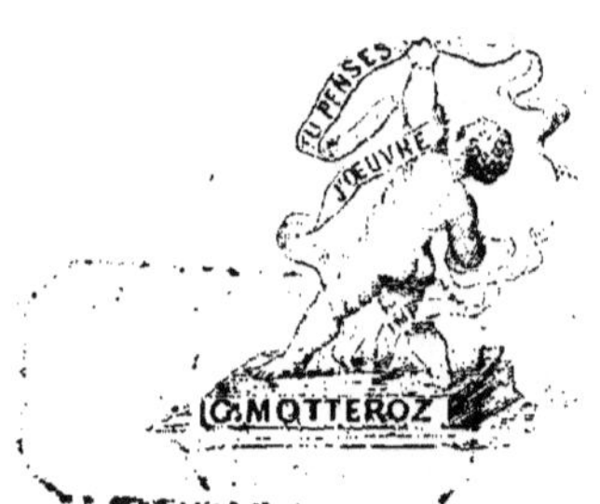
AUX PENSÉES
D'OEUVRE
G. MOTTEROZ

KARL ROBERT

LEÇONS PRATIQUES

DE

DESSIN AU FUSAIN

APPLIQUÉES

AUX

MODÈLES DU COURS DE PAYSAGE

DE

A. ALLONGÉ

PRIX : **6** FRANCS

PARIS

GOUPIL ET Cie, ÉDITEURS

9, RUE CHAPTAL, 9

1876

AVANT-PROPOS

Depuis longtemps, les amateurs cherchaient une méthode qui leur enseignât le dessin au fusain : le *Cours progressif* que nous présentons au public nous semble répondre en tous points à cette lacune de l'enseignement. Le maître a tenu à ce que chaque planche formât un ensemble de paysage, afin d'habituer l'œil de l'élève à ne point se préoccuper trop du détail : c'est qu'en effet la supériorité du dessin au fusain vient de ce que ce moyen seul permet d'obtenir rapidement l'effet toujours fugitif de la nature, et, si vous n'avez pas le temps d'exécuter en voyage des dessins finis, vous pourrez toujours les compléter à l'aide de notre Cours de paysage.

Dans ce texte explicatif, tout en vous donnant les renseignements les plus clairs et les plus précis sur le mode d'exécution employé par le maître, nous chercherons toujours à vous reporter devant la nature ; car, il faut bien le dire, la difficulté qu'éprouvent généralement les amateurs à travailler d'après nature vient le plus souvent de ce qu'ils ne savent pas la regarder dans son ensemble et sa simplicité : toujours préoccupés de l'exécution, qui n'est pourtant qu'une question de travail et d'habitude, ils perdent souvent de vue ce principe, qu'il faut travailler davantage avec les yeux qu'avec la main. Je sais bien que les artistes vous diront que savoir regarder la nature est une intuition personnelle : sans doute, il y a des artistes privilégiés qui se sont formés tout seuls et sont arrivés à produire des chefs-d'œuvre, mais ce n'est là que l'exception, qui ne doit nullement vous rebuter : avec quelques études sérieuses d'après une bonne méthode, comme celle que nous avons sous les yeux, où chaque paysage forme un sujet bien composé, nous affirmons que tout amateur pourra faire d'après nature des paysages fort satisfaisants : aussi nous vous engageons, pour ne plus être gêné par la question d'exécution, à copier le plus exactement possible cette série de modèles, ce que vous ferez facilement dans une saison d'hiver, quitte à la modifier ensuite d'après nature suivant vos goûts et votre tempérament.

TABLE DES MATIÈRES

PREMIÈRE PARTIE

DE L'ENSEMBLE

		Pages
PLANCHE I. Fig. 1. Des tons plats.		3
—	Fig. 2, 3 et 4. Une pierre; — Un pli de terrain.	6
—	II. Fig. 1 et 2. La Seine à Triel.	8
—	III. Fig. 1 et 2. Bords de rivière.	10
—	IV. Des tons simples.	12
—	V. Une berge.	14
—	VI. La route de Rueil à Buzenval.	16
—	VII. Effet de ciel en mer.	17
—	VIII. Étude de roseaux.	19
—	IX. Étude de terrain.	21
—	X. Étude de plantes d'eau.	23
—	XI. Le chemin du village.	24
—	XII. Un ruisseau.	25
—	XIII. Étude de bouillon-blanc.	27
—	XIV. Une barrière. — Étude de peupliers.	28
—	XV. Étude de saules.	31
—	XVI.	32
—	XVII. Un dolmen. — Souvenir de Bretagne.	33
—	XVIII. Une rivière. *(Résumé de la 1re partie.)*	35

DEUXIÈME PARTIE

DE L'EXÉCUTION

		Pages
PLANCHE XIX. Étude de chardons.		39
—	XX. Étude d'ormes.	41
—	XXI. Bonde d'étang.	43
—	XXII. Étude de pommiers.	44

		Pages
PLANCHE XXIII. Étude de hêtres.		46
— XXIV. Étude de platanes.		48
— XXV. Étude de sapins.		49
— XXVI et XXX. Études de chênes.		51
— XXVII. Cour de ferme.		53
— XXVIII. Un étang.		55
— XXIX. Marée basse.		56
— XXXI. Souvenir du Dauphiné.		57
— XXXII. Sous-bois.		59
— XXXIII et XXXV. Porche normand et petite porte.		61
— XXXIV. Bords de la Loire près Saint-Étienne.		63
— XXXVI. Roches et arbres.		64

TROISIÈME PARTIE

LA NATURE

		Pages
PLANCHE XXXVII. Une mare.		69
— XXXVIII. Peupliers.		71
— XXXIX. Effet de neige.		73
— XL. Clair de lune.		75
— XLI et LIII. Torrent. — Pyrénées.		76
— XLII. Barrière.		78
— XLIII. Une rue de village.		80
— XLIV et LII. Cascade. — Forêt de Fontainebleau.		81
— XLV. Une fontaine dans les Vosges.		84
— XLVI. Bords de la Marne. — Effet de soleil couchant.		85
— XLVII. Un chemin sous bois.		87
— XLVIII. Côte de la Méditerranée.		88
— XLIX. Étude de mer.		89
— L. Étude en Provence.		91
— LI et LIV. Vue prise au Fahouet (Morbihan). — Souvenir de Sologne.		93

FIN DE LA TABLE DES MATIÈRES

PREMIÈRE PARTIE

DE L'ENSEMBLE

PLANCHE I

Figure 1

DES TONS PLATS

Acquérir une grande sûreté de main pour exécuter les tons plats, telle est la première base du dessin au fusain; aussi ferons-nous bien de copier plusieurs fois cette figure élémentaire, en corrigeant à mesure les irrégularités que nous aurons remarquées dans notre travail. Ainsi que nous l'indiquons dans *Le Fusain sans maître* (*), il y a deux manières de faire un ton de ciel uni : on peut employer à cet effet le fusain, qu'on promène à plat de gauche à droite et de bas en haut, pour l'écraser ensuite avec le pouce ou, pour les grands dessins, avec les quatre doigts réunis, et au besoin avec la paume de la main : c'est le moyen le plus vulgairement employé, mais ici, et en général dans tous les dessins de ce Cours, le maître s'est servi de sauce de fusain. Après avoir répandu de la sauce de fusain sur un papier quelconque placé à côté de vous, prenez un chiffon de vieille toile ou de vieux calicot que vous roulez en tampon, de telle sorte que ce tampon présente une surface bien unie; vous frottez votre sauce sur le papier, de manière que le tampon s'imprègne bien de noir de fusain, et vous passez alors un ton sur votre feuille à dessiner. Il va sans dire que, suivant la valeur de votre ton de ciel, vous répéterez l'opération

(*) Nous engageons les amateurs qui n'auraient pas notre précédent ouvrage sur le fusain à se le procurer *Le Fusain sans maître*, maison Goupil et Cⁱᵉ. Ils y trouveront l'explication des termes techniques et des procédés divers employés dans ce livre.

autant de fois qu'il sera nécessaire ; il est utile, à notre avis, de
passer toujours un premier ton léger qui donne une teinte
neutre, et cela quel que soit le sujet que vous vouliez traiter ;
vous éviterez ainsi la crudité des blancs réservés, ce qui ne vous
empêchera nullement d'obtenir des lumières brillantes, car la
mie de pain bien pétrie peut, s'il est absolument nécessaire,
vous rendre le ton même du papier. Hâtons-nous cependant de
dire qu'il est des cas où l'on peut réserver le blanc du papier ;
par exemple, s'il s'agit de rendre un chemin blanc et crayeux
au soleil, une maison brillante peinte en blanc ou construite

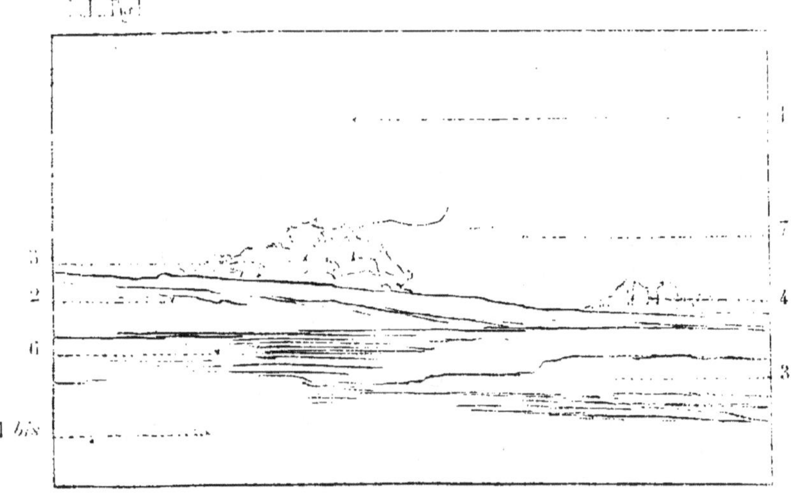

nouvellement. Le ton de fond (n° 1) ainsi obtenu, faisons notre
esquisse : traçons légèrement la limite inférieure du terrain (n° 2),
puis la silhouette supérieure, de même le terrain du premier
plan (n° 3), enfin la silhouette des peupliers de fond (n° 4) et la
masse d'arbres (n° 5). Il faut faire cette esquisse largement, à
grands traits, et autant que possible par angles, ainsi qu'on
procède pour l'étude du dessin académique.

Cette mise en place faite, frottez légèrement vos tons de fond
(n° 4), les deux berges (2 et 3) vigoureusement, puis vous écrasez vos tons au tortillon et vous rehaussez les vigueurs à l'aide

d'un fusain bien noir. Il faut, autant que possible, que pour ces vigueurs franches vous arriviez au résultat du premier coup, car, plus vous frotterez sur le papier, plus vous ferez gris. La masse d'arbres (n° 5) n'est point écrasée, elle doit être obtenue à l'aide du fusain lui-même, légèrement appliqué sur les bords, plus vigoureusement vers la base.

Les eaux doivent toujours être préparées verticalement. La nature vous présente toujours les objets réfléchis de cette façon, et l'expérience vous montrera que cette manière de faire donne toujours un excellent effet. Les eaux une fois massées à la vigueur voulue, vous les écrasez à la moelle de sureau taillée à plat; vous obtiendrez les lumières à la mie de pain. On nous a souvent demandé s'il y avait un moyen ou un procédé particulier pour obtenir des lignes de lumière bien horizontales sur l'eau : il n'y en a pas; l'habitude seule pourra vous rendre cette exécution facile. Pétrissez bien votre boulette de mie de pain jusqu'à ce qu'elle se réduise pour ainsi dire en pâte, et, après l'avoir aplatie comme une pièce d'argent, vous enlevez vos lumières ; s'il arrive que votre boulette de mie de pain vienne à se casser, c'est qu'elle n'est point suffisamment pétrie.

Il est bien entendu que les nuages (n° 7) sont enlevés également à la mie de pain.

Quand vous aurez recopié cette planche plusieurs fois, nous vous engageons à la mettre au double de grandeur, puis quatre fois plus grande, ce qui vous facilitera l'exécution de la planche n° 4, qui en est l'application.

PLANCHE I

Figures 2, 3 et 4

UNE PIERRE — UN PLI DE TERRAIN

Une des plus grandes difficultés, dans l'exécution d'un terrain, est de faire reposer les objets qu'il supporte de manière
qu'on sente bien que l'un produit les autres. En fusain, si l'on
veut obtenir un terrain franc de ton, il est indispensable
d'accentuer bien nettement le ton général qui servira de base

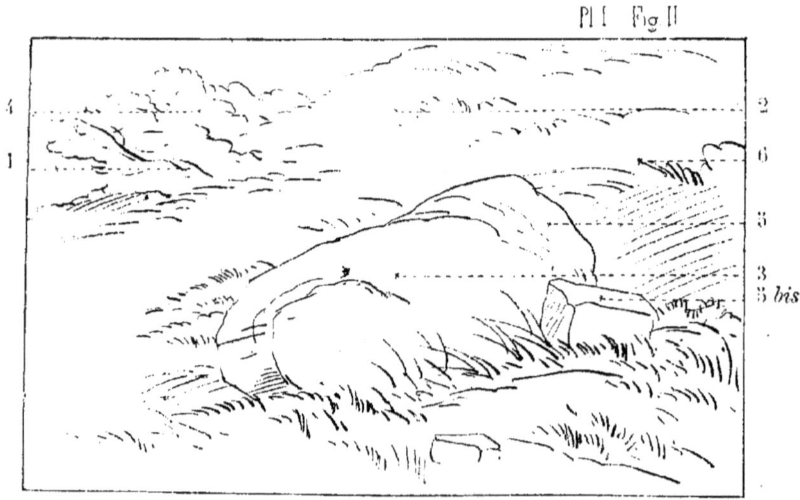

aux divers accidents. Pour ce modèle, ce ton sera d'un gris un
peu plus vigoureux que le ton de fond (n° 2). Vous indiquerez
légèrement la forme de votre pierre (n° 3), le buisson (n° 4),
que vous rehaussez dans les ombres et dont vous éclairez au
tortillon les parties lumineuses; puis vous faites les masses
d'herbes qui entourent la pierre: vous modelez la pierre au

tortillon, en ayant soin que tout trait d'esquisse disparaisse.
Variez autant que possible le travail dans l'exécution du terrain ; ici c'est le tortillon, là l'estompe de peau, enfin quelques
touches au fusain. Le grattoir vous offre de grandes ressources
pour exécuter les herbes éclairées par le soleil (n° 6). Usez du
grattoir, c'est un moyen commode ; mais, quand vous serez
d'après nature, n'exagérez pas l'emploi de ce procédé, car il
vous porterait à exécuter mille détails qui doivent disparaître
dans l'ensemble. Vous avez pu remarquer que, dans les anciens
dessins de M. Allongé, l'emploi du grattoir était beaucoup plus

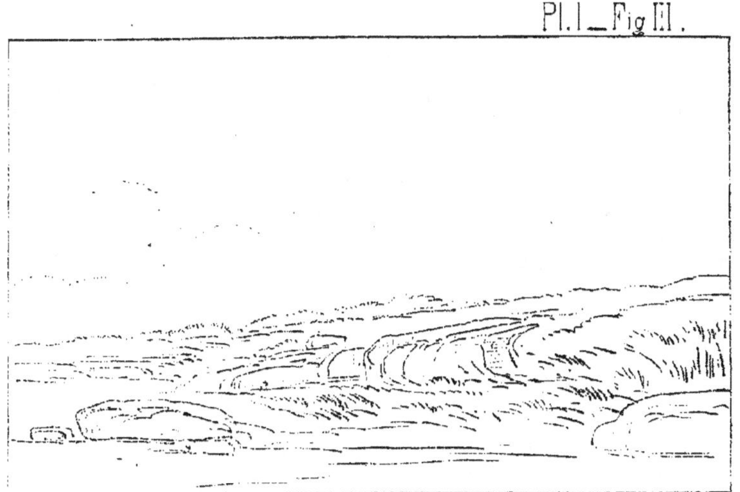

fréquent qu'il ne l'est aujourd'hui ; ses dessins, à notre avis,
y ont beaucoup gagné et ont acquis une liberté d'allure, un
charme bien plus grands. En effet, l'étude des moyens, du
détail, enfin de ce qu'on nomme le *morceau*, doit être une
étude préparatoire qu'il faut avoir faite si l'on veut arriver à
une exécution simple.

Pour copier la figure n° 3, mettez également en pratique les
instructions précédentes, en ayant soin de bien observer que ce
qui donne de la solidité à un terrain est la vigueur des dessous.
De même, vous pourrez remarquer qu'il y a toujours un accent

particulièrement vigoureux entre le terrain et les pierres qu'il supporte.

Enfin, pour la figure 4, les mêmes instructions peuvent vous servir; le seul procédé différent qui vienne s'ajouter à ceux des

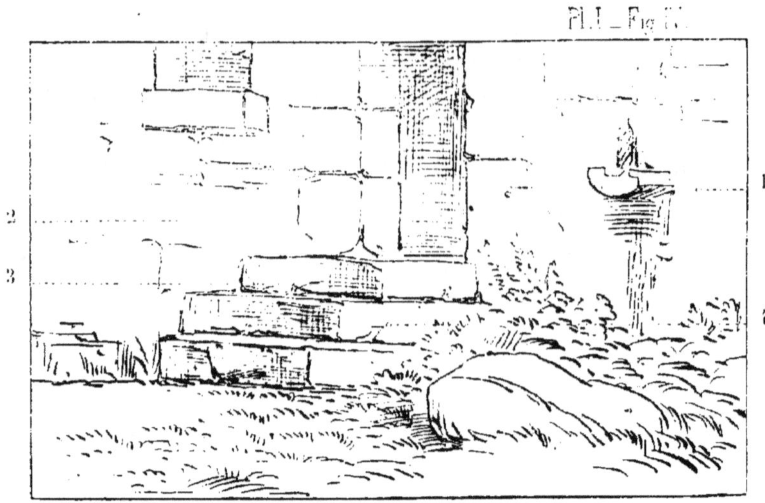

figures précédentes est celui qui consiste à obtenir le grain de la pierre (1 et 2, 3 et 4), et pour cela il suffit, sur un travail préalablement fait au tortillon, de promener légèrement le fusain de telle sorte qu'il n'accroche que les parties rugueuses du papier.

PLANCHE II

Figures 1 et 2

LA SEINE A TRIEL

Ici le maître a voulu nous apprendre à interpréter un sujet de grande étendue d'une manière simple et dans un cadre restreint. Après avoir passé le ton de fond, ciel et eau (1), fondez

avec le tortillon les collines 2 et 2, d'un ton bien uni, et cherchez bien la finesse de la silhouette qui la borde; puis, par le
procédé indiqué plus haut pour la planche 1, faites vos terrains
2 et 3, et vous placez les peupliers, qui ne doivent pas être
écrasés, mais seulement frottés de fusain légèrement appliqué.
Pour la planche n° II, vous agissez de même, en ayant soin de
réserver votre plus grande vigueur pour la figure 4 ; cette
petite figure est nécessaire, bien qu'elle soit fort petite, pour
donner l'échelle du paysage et vous en faire comprendre

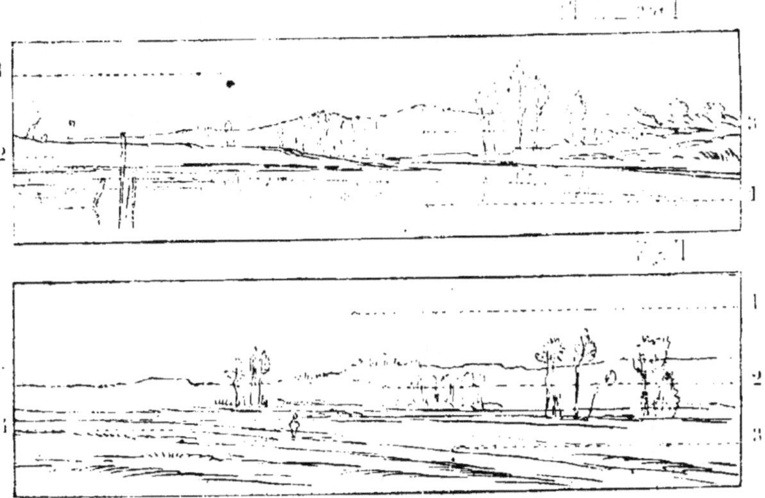

l'étendue : c'est ce qu'on nomme, en terme d'atelier, *une
quille.*

Pour exécuter d'après nature des sujets analogues, vous
devrez toujours vous placer à une distance suffisante de votre
sujet pour que l'œil en embrasse bien toute l'étendue, sans qu'il
soit nécessaire de tourner la tête, soit à droite, soit à gauche,
pour en apercevoir l'ensemble. Il faut, bien entendu, ne jamais
perdre de vue que vous ne devez reproduire sur votre dessin
que ce que votre œil aperçoit en regardant le point d'horizon :
il faut savoir arrêter votre dessin à une distance suffisante,
pour que vous n'ayez pas besoin de baisser la tête pour voir

vos premiers plans. Pardon, lecteur, de vous faire ces observations presque naïves, mais c'est là un défaut dans lequel j'ai vu si souvent les commençants tomber, que je ne saurais trop vous mettre en garde contre cette tendance à regarder la nature dans une étendue plus grande que le dessin ne saurait le comporter.

Dans un sujet semblable et, règle générale, quand vous faites un ensemble, clignez légèrement les yeux, afin de perdre le menu détail et n'avoir que les masses générales; ainsi le maître a fait dans l'exécution du terrain (n° 3), de la figure (n° 2). Aussi vous voyez que ce terrain, tout en conservant la perspective voulue, n'a que peu de détails, et que ces détails sont simplement quelques touffes d'herbes posées avec le fusain même, et retenez bien ceci : c'est que plus le sujet est grand, plus le détail s'y perd, et par conséquent plus l'exécution doit être sobre.

═══════

PLANCHE III

Figures 1 et 2

BORDS DE RIVIÈRE

Ces deux motifs vous représentent la nature vue d'un peu plus près que dans le modèle précédent; aussi vous voyez que, sans entrer dans de grands détails, vous distinguez déjà mieux la forme des masses; la colline de fond de la figure 2, au lieu d'être entièrement unie, est légèrement modelée en demi-teinte, ce qui vous indique que ce sont des bois. Ce motif (fig. 2) est un souvenir du Bas-Meudon, où le petit bras de Seine est entouré des coteaux de Meudon et Bellevue : tout amateur parisien a dessiné là. Aussi chacun pourra se rendre compte de la distance que comporte ce mode d'exécution; le fond 2 est ici pour ainsi dire en second plan, et les seconds plans doivent toujours être faits, à notre avis, de tons écrasés, mais vigoureux et solides. Les eaux (4), dans une rivière encaissée entre de grandes collines, quelque brillantes qu'elles soient du reste, doivent toujours être noires ; vous le voyez ici : bien que le soleil vienne frapper à leur surface, la vigueur en est encore

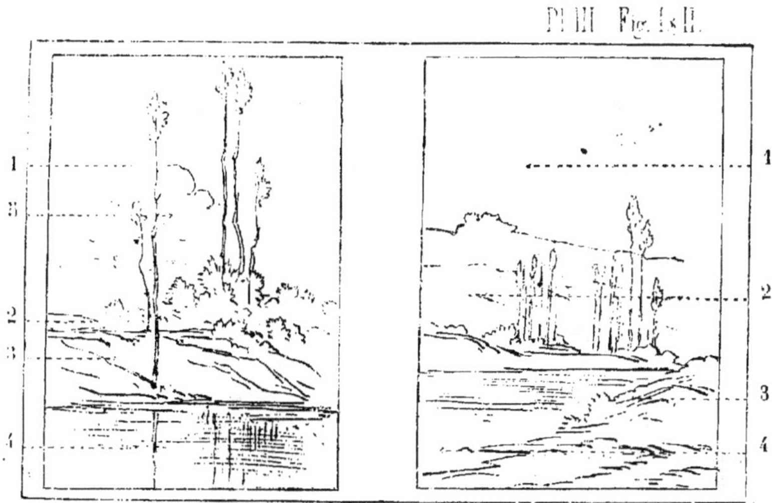

plus grande que celle des objets réfléchis. Procédez de même pour la planche n° I : exécutez les buissons comme celui de la planche I (fig. 1) et réservez les tons clairs qui vous indiquent la berge (n° 3) en n'écrasant le fusain que par places, ce qui vous donnera ce ton particulier que vous voyez dans le modèle. Les nuages, dans la figure 1, sont enlevés à la mie de pain ; celui du milieu (n° 5) seul est légèrement modelé avec un tortillon imprégné de fusain.

PLANCHE IV

DES TONS SIMPLES

Je vous l'ai dit, lecteur, et veux vous le redire : l'exécution des tons simples est la plus difficile, et si vous arrivez à bien rendre cette figure, qui est l'application de la première du cours, vous aurez en main la clef du dessin au fusain ; cela n'est nullement facile, croyez-le bien, mais soyez persuadé que vous

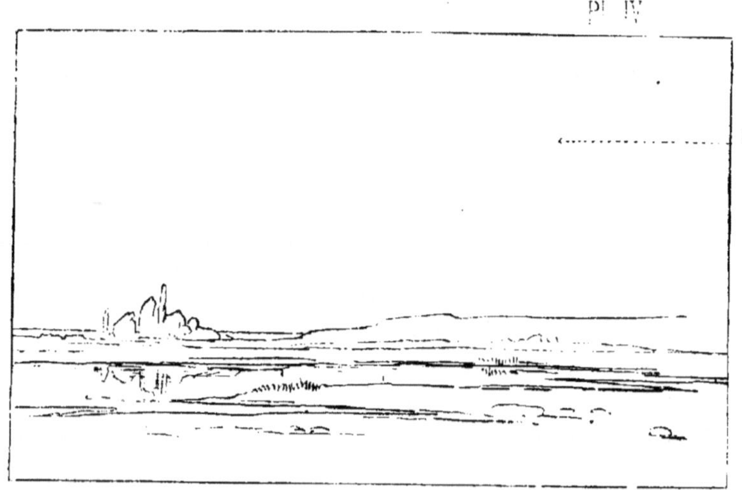

reconnaîtrez plus tard, à être parti de ce principe, que l'exécution est peu de chose, que la simplicité est tout.

Decamps, dont les dessins sont si recherchés aujourd'hui, ne procédait que par tons simples ; et d'ailleurs, je vous l'ai dit plus haut, l'étude approfondie du détail et du morceau conduit toujours l'artiste à la simplicité. C'est une erreur bien commune de croire que Corot, le maître entre tous, que Daubigny, que

César de Cock, en un mot, que les princes du paysage moderne
sont arrivés à leur manière de faire, si goûtée du public, en
procédant toujours de la manière qu'on leur connaît aujour-
d'hui. Non, ces maîtres ont commencé par faire les mêmes
études que tous; ils ont étudié en détail la pierre, le tronc
d'arbre, le feuillé; ils ont procédé par le détail avant d'envi-
sager l'ensemble. Quelques-uns s'avisent de dire que Corot n'a
jamais dessiné : quelle erreur! Qu'ils recherchent, ceux-là, les
admirables *fac-simile* des dessins faits à la mine de plomb par
le maître dans son voyage en Italie, et qu'ils disent si jamais
dessinateur le plus scrupuleux pourrait mieux rendre, et avec
plus d'exactitude, la vue de Gênes aux mille navires! Que ceux
qui reprochent à César de Cock le ton uni de ses arbres légers
et la gamme de ses tons aillent voir dans son atelier ses belles
études de troncs d'arbres, où, disséquant la nature par morceaux, il lui a demandé compte de ses formes et de sa construction; ils verront, chez l'artiste, ce que doit faire d'études
sérieuses et approfondies le peintre qui veut rendre la nature,
et ils perdront sans doute cette opinion bien irréfléchie, mais
malheureusement trop répandue, que ceux-là seuls font des
paysages qui n'auraient pu faire un autre genre de peinture.

Excusez-moi, lecteur, de toutes ces digressions: mais les
éditeurs m'ayant autorisé à ne pas me renfermer seulement
dans l'explication de ces planches, je profiterai quelquefois de
l'occasion pour vous donner quelques conseils sur l'interprétation de la nature. Je n'ai, du reste, que peu d'instructions à
vous donner ici, cette figure étant pour ainsi dire le grandissement de la première du cours; le ciel seul mérite une mention
spéciale. Une fois le ton de fond passé, vous promenez légèrement le fusain dans la forme des nuages, puis vous l'écrasez au
pouce; enfin les nuages légers qui se détachent de la nuée de
droite 1 devront être indiqués au tortillon, et vous éclairerez
le tout à l'aide de la mie de pain.

PLANCHE V

UNE BERGE

Nous pouvons considérer cette planche comme le premier dessin d'ensemble du cours. Le sujet peut se décomposer en quatre plans bien distincts : les roseaux, l'eau et la berge forment le premier plan; le chemin qui borde la berge et qui se détache en lumière est le second plan; le troisième est la masse sombre qui se profile devant le ciel et les peupliers qui

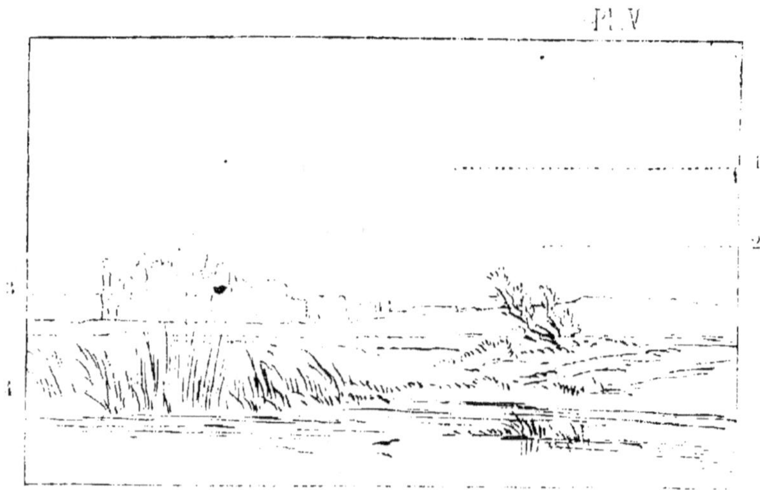

forment le dernier plan. Pour votre ciel, qui est un effet de plein midi en été, ayez soin que les lumières de vos nuages 2 ne soient pas trop blanches, et pour cela, réservez sous la mie de pain un peu de ton de fond. Indiquez vos plans différents rapidement avec tons gradués et massez le rideau de peupliers qui doit être exécuté de premier jet. Pour avoir le ton net et régu-

lier que vous observez dans le modèle, il vous faut faire une
esquisse bien exacte et chercher la silhouette, puis vous écrasez le fusain à l'aide du tortillon d'un seul ton qu'il faut obtenir
exact du premier coup. Enfin vous montez un peu le ton du peuplier (n° 3) pour indiquer que la lumière change l'effet et que
le rideau de peupliers se divise en deux parties, l'une venant de
l'horizon à gauche, l'autre s'enfuyant vers la droite, de telle
façon qu'on sente bien que la rivière en tournant forme un îlot
entre les peupliers. Il est bien entendu que vous ne réservez
rien des lumières qui découpent le sommet de vos arbres, cela
se doit obtenir avec la mie de pain. Votre quatrième plan ainsi
fait, vous vous basez dessus pour obtenir les autres. Les tons
écrasés et vigoureux sont toujours difficiles à obtenir, et pour
cela il ne faut pas craindre que la couche de fusain que vous
étendez pour l'écraser ensuite soit bien noire, le tortillon vous
enlèvera toujours assez de vigueur. Avec ce qui reste de ton sur
votre tortillon, faites la teinte qui forme second plan, et vous arrivez au premier plan, que vous écrasez perpendiculairement et
que vous régularisez ensuite horizontalement, sans vous occuper
des détails qui sont devant; mais souvenez-vous que lorsque vous
exécuterez les plantes et les roseaux, vous ne pourriez revenir sur
votre ton de terre qui doit être solide. Enfin vous exécutez vos
roseaux (4) et vos plantes, et ici, je me permettrai une observa-
tion toute personnelle sur la manière d'enseignement et de pro-
gression que l'on doit suivre dans ces études, qui est le corollaire
de ce que j'ai dit à la planche précédente : Doit-on procéder de
l'ensemble au particulier ou du particulier au détail, si vous
aimez mieux à l'ensemble ? Pour mon compte, je me range à
cette dernière opinion. Je crois que lorsqu'on possède bien un
détail, une plante, un roseau, etc., etc.; lorsqu'on connaît la
forme habituelle et l'allure particulière, on a ensuite plus de facilité à former un groupe de ces divers objets, et alors même
qu'on les met en esquisse, on arrive à les interpréter de telle
façon que celui qui, à l'improviste, se trouve devant votre travail arrive à se dire sans hésitation : là, il y aura des roseaux, ici
des pierres, là du terrain, ici des masses d'herbes et de plantes

différentes : cela s'appelle avoir de l'esprit en fait de dessin. Un croquis spirituel est donc un dessin dont les quelques coups de crayon jetés à la hâte sur le papier vous mettent tout de suite au courant de l'ensemble que l'artiste a vu lui-même et qu'il a voulu reproduire.

L'examen seul des modèles doit vous indiquer la manière de faire les roseaux : dans les parties vigoureuses, si vous vous servez du fusain, travaillez de haut en bas dans les demi-teintes et les lumières ; ou si vous vous servez du grattoir et de la mie de pain, travaillez de bas en haut ; enfin vous indiquez la lumière de vos eaux et l'hirondelle qui plane à leur surface, qui doit l'emporter de beaucoup en vigueur sur le reste de votre paysage.

PLANCHE VI

LA ROUTE DE RUEIL A BUZENVAL

Nous ne nous appesantirons pas sur ce modèle dont l'exécution, à peu de chose près, est semblable à celle du précédent. Le ciel 1 très-lumineux est rehaussé à la partie supérieure d'un léger ton passé au pouce. La lisière de forêt 3 qui forme le dernier plan doit être massée très-vigoureusement et écrasée au tortillon ; les coteaux de droite (n° 2) également écrasés à l'estompe et rehaussés dans leurs parties vigoureuses avec le fusain ; on peut obtenir le ton n° 2 à l'aide du grattoir à plat. La route (4) doit être modelée finement avec le tortillon, puis en promenant légèrement le fusain de manière à n'accrocher que les parties friables aux aspérités du papier, vous obtiendrez ce ton léger qui vous donne la perspective de la route et sa variété de ton sur le reste du paysage. Nous vous engageons à soigner tout particulièrement cette étude en ce qui concerne la route ; il faut au-

tant que possible chercher à fondre, en les écrasant, les tons qui
s'en rapprochent, si vous voulez lier votre paysage, ce qui est

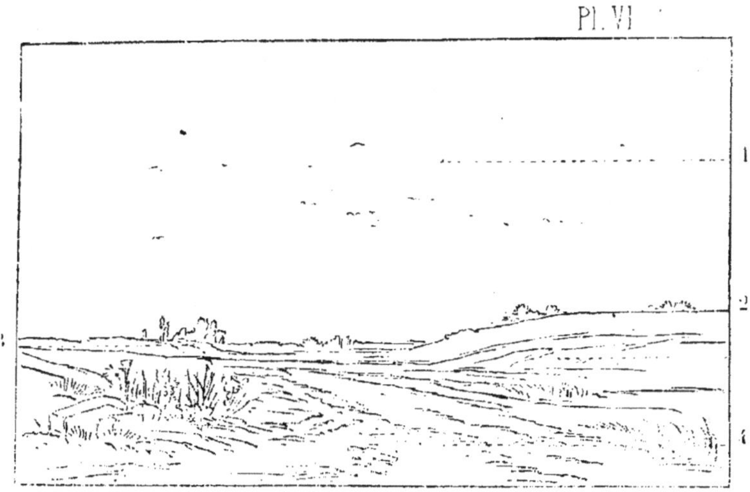

une difficulté quand vous avez un ton blanc d'une certaine largeur entre deux tons vigoureux.

PLANCHE VII

EFFET DE CIEL EN MER

Quel artiste, quel amateur n'a pas été enthousiasmé par l'aspect de la mer? La nature y offre dans ces deux éléments, le ciel et l'eau, les aspects les plus variés et les plus grandioses. Pour rendre la marine, le fusain est encore le procédé le plus complet, car là, surtout, tout dépend de l'effet; or, l'effet varie à chaque instant, il faut donc le saisir rapidement. Comme règle générale, nous pouvons affirmer qu'il faut, dans une marine, que le ciel et la mer soient souvent traités avec un parti pris bien distinct ; le plus souvent, ce sera la mer qui l'emportera en vigueur. Dans la planche n° VII, une fois le ton général n° 1 écrasé et l'esquisse faite dans l'effet voulu, rien qu'à l'aide des tons écrasés vous exécuterez le ciel en modelant d'abord vos nuages à l'estompe de papier, puis vous obtiendrez avec un tortillon presque neuf les gris lumineux qui lui donnent le mouvement ; si vous avez trop fatigué votre papier pour obtenir le gris au tortillon, employez l'estompe de peau et ensuite enlevez vos lumières à la mie de pain, en observant bien que dans le modèle tous les

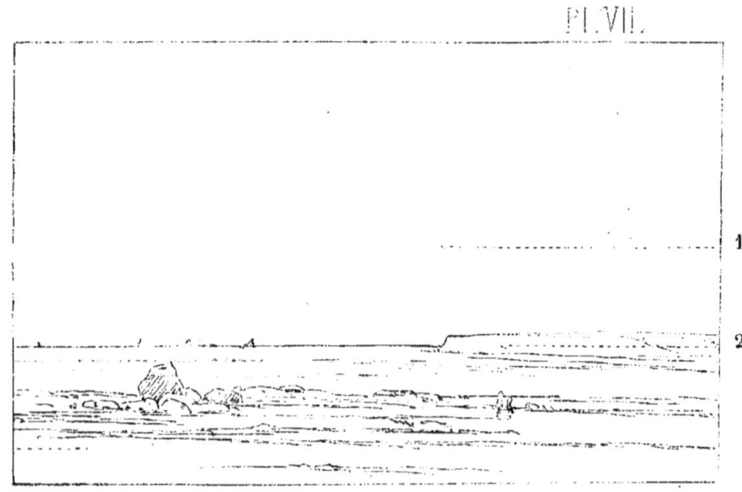

Pl. VII.

nuages vigoureux vont de gauche à droite sous l'impulsion du vent, et les nuages lumineux de droite à gauche, ce qui indique qu'ils sont beaucoup plus éloignés que les premiers. Vous écrasez la falaise n° 2 en gris sur la mer, que vous attaquez d'un ton très-vigoureux, surtout vers l'horizon, et vous massez les roches. Pour que les petits rochers du premier plan se dessinent bien sur le fond, il faut les dessiner exactement, puis enlever les blancs lumineux que vous n'aurez pas réservés, et si votre mie de pain en enlève plus que vous ne voulez, vous reprenez la forme extérieure des rochers, que vous dessinez finement et d'une manière bien arrêtée. Enfin pour obtenir le sable (4) au premier plan, vous l'écrasez au pouce, ce qui vous donne un grain bien uni et tout à fait particulier. Quand vous ferez une marine d'après nature, il vous sera nécessaire de commencer par faire quelques croquis rapides avant d'entreprendre des études finies ; et cela parce que lorsque votre main sera suffisamment habile pour arriver juste au ton voulu, vous pourrez avec plus de facilité faire une grande esquisse et terminer, moitié avec la nature, moitié avec votre mémoire, l'impression qui vous aura frappé. Un ciel bien rendu est toujours une chance de succès ; et pour bien rendre un ciel, on ne peut donner de règles ; mais cependant, on peut affirmer qu'il faut toujours le mettre en harmonie avec la mer : une rivière reflète les objets, la mer reflète pour ainsi dire les mouvements du ciel ; presque toujours, la mer l'emporte en vigueur sur le ciel.

PLANCHE VIII

ÉTUDE DE ROSEAUX

Comme toute règle porte avec elle son exception, nous vous engageons ici à terminer complétement le rideau de peupliers qui forme le fond de ce modèle avant même d'esquisser les roseaux, et en même temps vous devrez en indiquer la valeur dans l'eau en même temps que la valeur du terrain, ce qui vous permettra d'obtenir le ton juste à sa valeur relative. Pour les peupliers, répandez légèrement votre fusain et modelez au tortillon, puis vous renforcez également au tortillon les parties qui se trouvent dans l'ombre, mais cela d'une manière très-modérée pour maintenir votre effet et l'éloignement d'un ton de dernier plan. Pour exécuter les roseaux, taillez finement votre fusain et, dans le sens des roseaux du modèle, tracez chaque roseau assez vigoureusement de haut en bas; votre fusain s'usant à mesure que vous dessinez, vous obtenez par ce procédé un roseau solide et bien construit, car le fusain s'use graduellement et graduellement aussi le roseau devient plus fort à mesure qu'il s'approche de sa racine. Dessinez la fleur du roseau en passant un léger ton au tortillon et en revenant avec le fusain promené légèrement; les roseaux lumineux s'enlèvent au grattoir, mais cette fois en partant de la racine et de bas en haut; pour les exécuter plus fins à mesure qu'ils s'éloignent de la racine, il faut imprimer au grattoir un léger mouvement sous les doigts, de

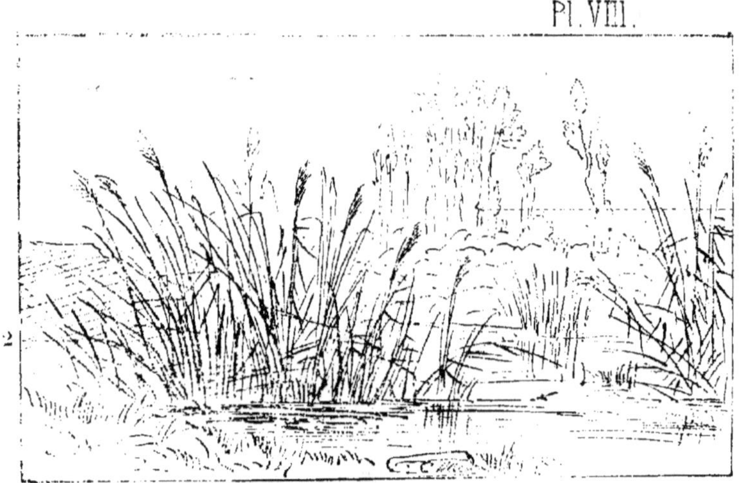

façon que, ayant commencé par enlever avec le côté du grattoir, vous arriviez au bout à vous servir de la pointe. Les feuilles se dessinent au fusain quand elles sont vigoureuses, au grattoir dans les parties éclairées, à la mie de pain si elles doivent refléter l'éclat du soleil : la mie de pain un peu salie vous donnera les feuilles de nénuphar; propre, elle en exécutera la fleur. Quant au terrain du premier plan, laissez un ton un peu clair écrasé au pouce sur lequel, à l'aide du fusain dans les parties noires, du grattoir et de la mie de pain dans les parties éclairées, vous obtiendrez les herbes et autres détails.

PLANCHE IX

ÉTUDE DE TERRAIN

Ainsi qu'on peut le voir par ce modèle et aussi par l'étude du n° 13, il suffit d'un premier plan intéressant pour faire un ta-

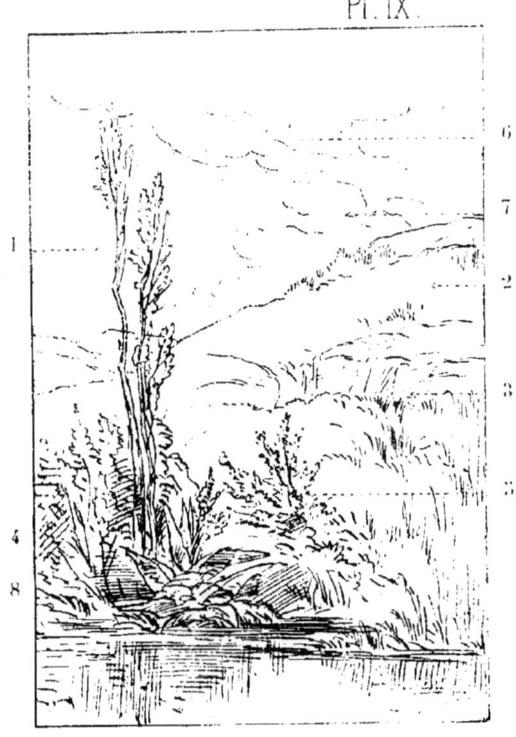

bleau. Vous passez ici un ton léger qui vous donne le ton général du ciel, et, sitôt ce ton obtenu, vous massez le terrain en gris écrasé au tortillon en donnant pour base le ton général 2 :

puis vous renforcez les vigueurs (n° 3) en vous réservant le noir absolu pour la base de l'arbre (4) et les parties ombrées de la plante (5). Modelez votre ciel, le nuage (6) écrasé au pouce, le nuage 7 au tortillon. Il arrive souvent que, lorsqu'on écrase un ton avec le pouce, on enlève de la vigueur au lieu d'en donner ; aussi faut-il avoir soin de se noircir légèrement le pouce avec de la sauce ou du fusain écrasé sur un papier que l'on a près de soi avant de travailler. Le creux à pic formé par la vigueur (n° 3) peut s'obtenir de deux manières : la première, en écrasant au tortillon le fusain appliqué ; la seconde, en dépouillant avec le fusain lui-même le ton plus vigoureux que l'on a posé du premier coup. Cette dernière manière nous semble préférable en ce sens qu'elle varie le procédé d'exécution. Les crêtes qui forment les différents plans de ce terrain (3) doivent être indiquées au grattoir, ainsi que les herbes vives qui se détachent généralement sur le ton de fond ; les autres détails sont enlevés à la mie de pain, et, pour ne point avoir ces détails trop blancs et d'une manière sèche, servez-vous longtemps de la même boulette de mie de pain que vous pétrissez au fur et à mesure de votre travail. Le chardon, n° 5, et la plante, n° 8, se font en dernier lieu et se dessinent sur le fond sans avoir été préalablement ménagés.

D'après nature, il est d'une importance capitale de faire de sérieuses études de terrain ; c'est ce qui manque le plus souvent dans les paysages modernes. Sans doute, c'est là un travail ingrat qui ne donne point grand charme à l'étude d'après nature, mais il contribuera puissamment à rendre les dessins qu'on fera dans la suite intéressants et sérieux.

PLANCHE X

ÉTUDE DE PLANTES D'EAU .

Cette planche est le corollaire de l'étude des roseaux et de la précédente : vous exécuterez donc les roseaux ordinaires et les roseaux moines (1 et 2) comme ci-dessus, l'oseille sauvage ou patience d'eau (n° 3) comme précédemment la plante (8) de la

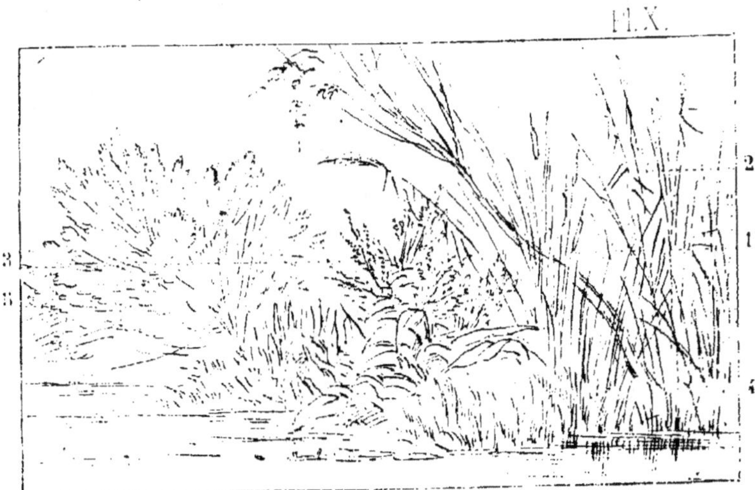

planche IX, le nymphea jaune ou nénuphar (4), ainsi qu'il est dit planche VIII. Les saules ou osiers (5) seront exécutés légèrement, d'un ton gris clair écrasé au tortillon, puis repris au fusain.

PLANCHE XI

LE CHEMIN DU VILLAGE

Nous avons ici une étude de ciel dont la difficulté consiste à
obtenir une gradation peu sensible surtout vers l'horizon et suffisante. néanmoins, pour produire l'éloignement. Et, à ce propos,
nous engageons les amateurs, lorsqu'ils sont en voyage ou à la
campagne, à avoir toujours quelques papiers tendus à l'avance

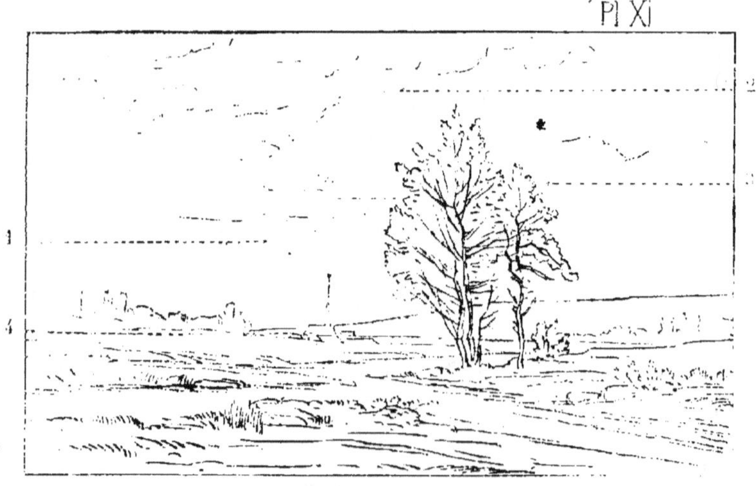

et préparés pour des études de ciel ; il suffit pour cela d'avoir
un ton de fond posé à l'avance. On peut faire de sa fenêtre une
série d'études intéressantes toujours et qui, enlevées rapidement. fortifient beaucoup l'œil et la main. Les effets de soir.
surtout. sont d'autant plus intéressants qu'ils sont plus fugitifs;
dans ce cas, on devra préparer des tons de fond extrêmement
légers. Dans la planche n° XI, sur le ton de fond (1), vous mo-

delez d'abord légèrement au fusain le nuage n° **2** que vous écrasez au pouce dans la forme voulue, puis le nuage (n° **3**) que vous écrasez d'abord au pouce, puis au tortillon ; vous éclairez ensuite ces nuages à la mie de pain. Pour les nuages fins qui se rapprochent de l'horizon, vous les obtenez avec le tortillon empreint de sauce de fusain.

Pour le paysage, les plans éloignés (**4**) sont écrasés à l'estompe, ainsi que le village, dont vous dessinez légèrement les contours avec un trait que vous fondrez ensuite dans les masses avec le tortillon. Le terrain de droite s'exécute ainsi qu'il est dit dans l'instruction de la figure 3 de la planche I, le terrain de gauche également ; les lumières du plan éloigné de ce terrain s'obtiennent à l'estompe de peau.

PLANCHE XII

UN RUISSEAU

Nous n'engagerons pas l'amateur à se servir de la sauce de fusain dans ce dessin, et en général, lorsque le ton du ciel est un peu vigoureux ; il est mieux, à notre avis, d'appliquer d'abord le fusain pour l'écraser ensuite à l'aide du pouce. Si l'on n'arrive pas avec la poudre du fusain à obtenir du premier coup la valeur voulue, on est obligé de revenir sur son travail à plusieurs reprises, ce qui fatigue le papier et nuit à la fraîcheur du travail si nécessaire au fusain. Ce qui, suivant nous, fait la réputation et le charme des dessins de M. Allongé est moins encore la science profonde du dessin qu'on y trouve que les qualités primesautières de son exécution. Ici les fonds **1** sont écrasés au tortillon ainsi que le terrain n° **2** et n° **3** ; le buisson **4** est entièrement dessiné au fusain. Ce qui fait la différence d'exécution entre les terrains n°⁵ 2 et 3 est la touche même de cette exécution ; nous voulons dire par là que lorsqu'un terrain est en second plan, mais suffisamment près de l'œil pour que l'on en voie les détails, on peut exécuter ces détails comme ceux du premier plan, mais d'une manière plus légère ; au premier plan, au contraire, ces détails doivent être plus nets et plus solides.

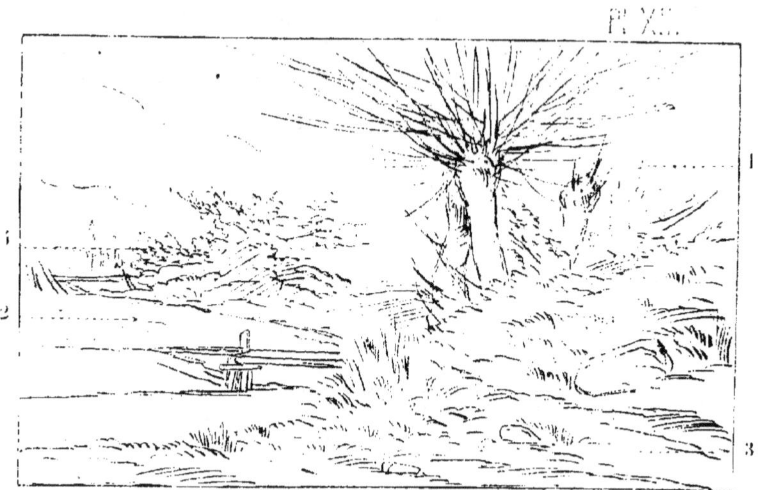

L'exécution des saules est moins difficile que l'on pourrait le croire au premier abord ; on fera un ton de fond légèrement écrasé au tortillon, puis un second ton de fusain légèrement appliqué sur le premier, puis on dessine les branches en commençant par leur extrémité, pour venir les attacher au tronc. Le tronc de saule est ici écrasé à gauche au tortillon : l'écorce s'indique avec le grattoir.

PLANCHE XIII

ÉTUDE DE BOUILLON-BLANC

L'étude de la plante rentre dans l'étude du morceau; aussi devra-t-on, surtout les premières années, en faire le plus possi-

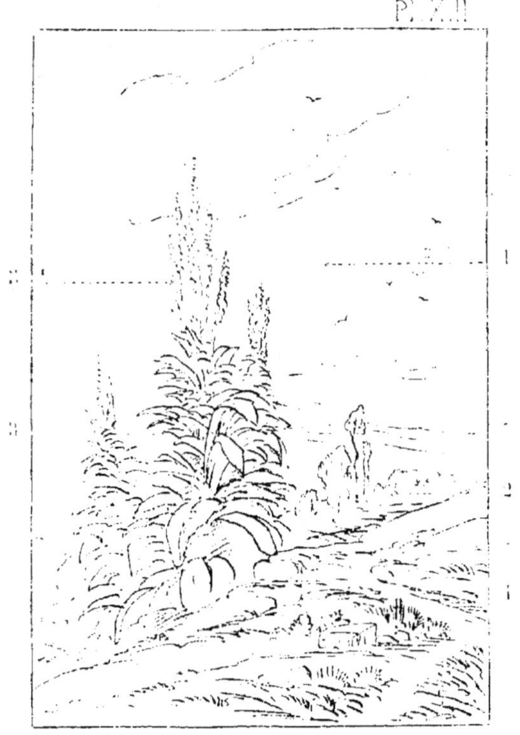

ble d'après nature, après en avoir étudié les formes accoutumées d'après de bons modèles. C'est peut-être ce qui, dans un cours de paysage, est le plus nécessaire à copier, parce que ces étu-

des vous montrent, pour ainsi dire, un grandissement des détails
de premier plan. Après en avoir copié un certain nombre, votre
œil s'habituera à en posséder les formes favorites et à en rendre
l'esprit quand vous aurez à les interpréter dans une masse de
détails. Dans cette planche, le ciel (1) est fait de la même manière que dans la planche XII; en vous reportant aux figures 2.
3 et 4 de la planche I, vous exécuterez les premiers plans. les
fonds (2° seront écrasés vigoureusement au tortillon.

Pour exécuter le bouillon-blanc (3), vous l'esquisserez d'abord
avec un trait léger, ainsi que dans le croquis de ce *texte,* et vous
passerez le ton général gris (4) un peu plus clair que le ton de
fond (2°, sans ménager de blancs ni de noirs qui seront repris à
la mie de pain et au fusain. La fleur se détache à même sur le
ciel à la mie de pain. Règle générale, quand vous travaillez
d'après nature, voyez d'abord l'allure de la plante que vous co-
piez; si cette allure est douce, moelleuse, comme celle du
bouillon-blanc. il faut que votre travail soit doux et moelleux ;
si, comme nous le verrons tout à l'heure, cette allure est heurtée
et anguleuse, il faut que votre travail soit fait de touches vives
et saccadées. Je vous l'ai dit. on travaille autant avec la pensée
qu'avec la main, et ce qui fait les artistes, les maîtres, c'est
moins la copie fidèle de la nature que l'interprétation fine.

PLANCHE XIV

UNE BARRIÈRE — ÉTUDE DE PEUPLIERS

Pour bien rendre un arbre, il faut, comme pour les plantes.
en bien comprendre l'esprit, et cet esprit consiste en sa construction. Le peuplier, qui se retrouve si souvent en fusain, parce
que l'on choisit de préférence pour cette sorte de dessin les bords

d'une rivière comme sujet, est un arbre généralement droit,
d'un dessin net et correct, dont les branches ne manquent ni
de finesse ni d'élégance. Ces branches, recourbées à la base où
elles viennent s'attacher, suivent presque aussitôt la forme de la
tige mère. Pour faire la planche n° XIV, on devra prendre d'a-
bord la distance du poteau 1 de la barrière à la limite inférieure

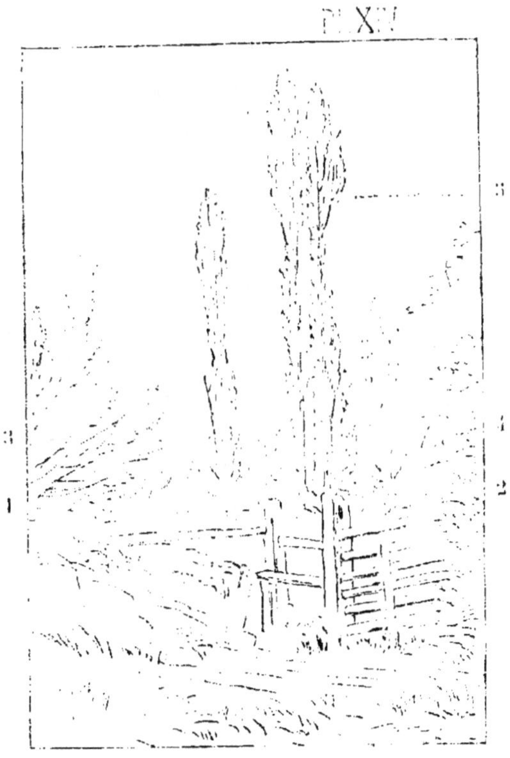

de son dessin, puis la hauteur de ce poteau, la distance du poteau 2 au premier et la distance des poutres transversales ; puis
on massera le taillis qui se trouve derrière vigoureusement, sans
se préoccuper des arbustes 3 et 4 ni du peuplier 5, qu'on indiquera ensuite en promenant légèrement le fusain : on esquissera
ensuite les trois peupliers en traçant une ligne verticale de haut
en bas, sans s'occuper du feuillage qui par places viendra mas-

quer la tige. On dessinera ensuite les deux arbustes qui forment
coulisse : l'ombre portée de la barrière s'indiquera sans ménager
de blanc ; avec le fusain écrasé au tortillon, le terrain sera es-
quissé de deux façons : au fusain écrasé avec le tortillon dans la
partie ombrée à droite, de fusain légèrement appliqué et laissant
voir le grain du papier dans la partie lumineuse à gauche ; puis
on procédera à l'exécution finie du dessin. Le ciel, composé d'un
ton très-léger de sauce de fusain, devra être dégradé insensible-
ment et rendu lumineux par de larges touches de mie de pain.
Après avoir passé un ton un peu vigoureux sur la tête de vos
peupliers, écrasez ce ton au tortillon ; puis, pour donner du
mouvement à votre arbre, placez des vigueurs par masses verticales du côté ombré, de petites touches légères et saccadées du
côté lumineux, en travaillant de bas en haut ; de même pour la
base des arbres, en passant devant la tige, qui doit disparaître
par places sous le travail ; les lumières entre les branches peuvent se rattraper à la mie de pain. Si vous n'avez point ménagé
la barrière, ainsi qu'il est dit plus haut, vous la dessinez à l'estompe de peau sur le fond, et vous la rehaussez ensuite au fusain ; mais, surtout, ne revenez plus sur le travail du fond ; cela
donnerait de la sécheresse au dessin ; il n'y aurait plus d'air
entre ce fond et la barrière. Vous faites ensuite les détails du
terrain avec le grattoir ; enfin vous obtenez l'ombre portée de
la barrière sur le ton préalablement posé à l'aide de la mie de
pain. C'est presque toujours de cette manière que vous devez
rendre l'ombre portée des objets, en ayant soin surtout de ne
point cerner ces ombres, car ici, si le dessin en était cerné, vous
n'auriez plus qu'une ombre ; mais cela ressemblerait *à une autre
barrière* ou à des planches posées à terre.

Le terrain est ici fait d'une exécution variée : à droite le
grattoir, à gauche la mie de pain, vous donnent les touches
voulues pour indiquer ici l'herbe éclairée par le soleil, là les
détails dans la demi-teinte de la partie ombrée.

PLANCHE XV

ÉTUDE DE SAULES

Cette planche est, pour ainsi dire, l'application de la planche des roseaux et de l'étude n° 12; on devra faire entièrement les fonds (1) et leur réflexion dans l'eau (2) avant d'esquisser les saules, n° 3. Ces fonds sont écrasés d'un ton assez vigoureux et dessinés au tortillon : la lumière entre les arbres, se rattrape à

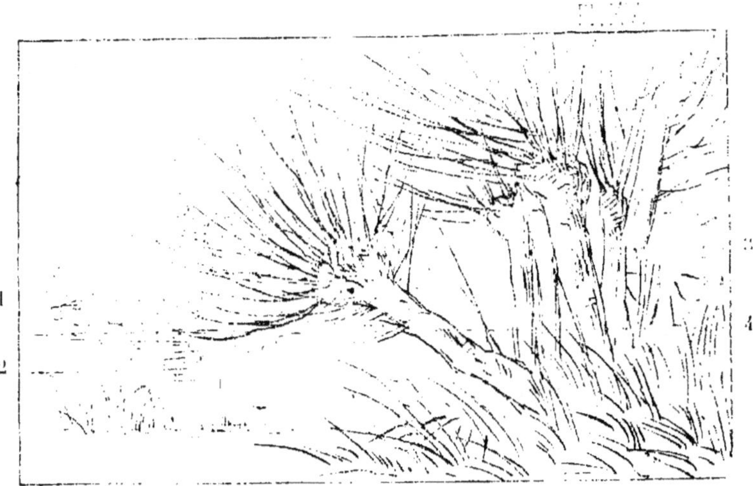

la mie de pain : la réflexion est écrasée à la moelle de sureau : on devra faire en dernier lieu le saule, n° 4, dont le feuillage extrêmement léger, comme il est au printemps, se confond avec les branches : une traînée très-fine de fusain rendra ce feuillage. Pour les roseaux, appliquez la planche n° VIII : la facture est la même.

PLANCHE XVI

De même que le modèle précédent, cette planche est la réu-
nion des premières planches du cours. On devra faire le ciel n° 1,
de la même manière que dans les planches XI, XII et XIII : écraser les fonds en les dessinant au tortillon ; le chemin 2, sera
également écrasé comme dans la planche VI, mais d'un ton plus
vigoureux, sans ménager de lumières, que l'on obtiendra par la
mie de pain : il n'y a de nouveau dans cette planche que les

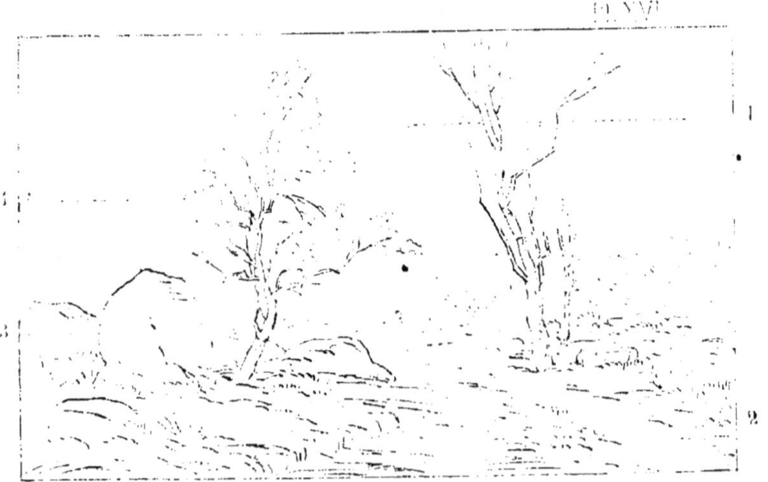

rochers et le bouleau. Pour les rochers 3, vous les passez à
deux tons différents, suivant l'ombre et la lumière, puis, vous
les écrasez au tortillon : vous les reprenez ensuite avec le fusain
et la mie de pain. Vous construisez ensuite le bouleau 4 sans
vous occuper du feuillage, que vous n'indiquez qu'en dernier
lieu en promenant le fusain légèrement, comme il est dit plus
haut pour le saule, et en écrasant un peu au tortillon les masses

du milieu. Seulement, observez bien cette différence qui doit se sentir dans l'exécution, que le feuillage du saule va de bas en haut, et celui du bouleau de haut en bas. D'après nature, la sérieuse difficulté de ces sortes de sujets est de donner la perspective voulue, et, pour cela, vous n'avez qu'un conseil à vous rappeler, c'est d'observer avec soin ce principe : que la facture doit être de plus en plus simple, à mesure que les objets s'éloignent.

PLANCHE XVII

UN DOLMEN · SOUVENIR DE BRETAGNE

Ce qui frappe à première vue dans ce modèle, c'est que le motif est éclairé par un soleil de plein midi. En effet, il n'y a

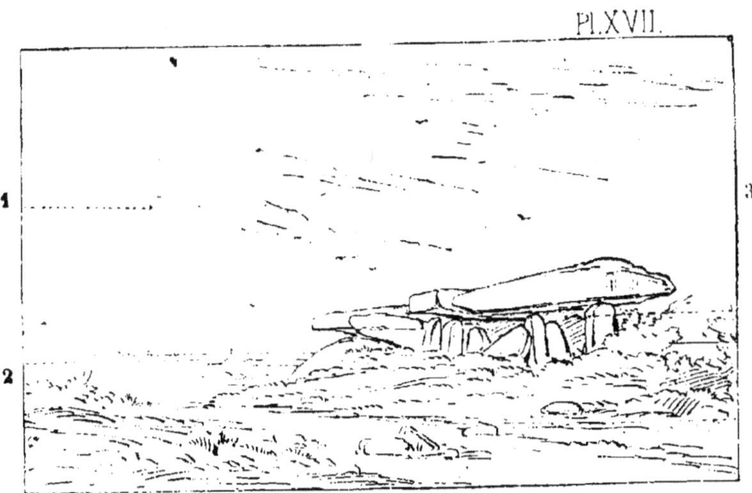

ici de noir absolu que sous les dolmens ; ce qui montre que la lumière arrive partout et qu'elle existe encore par reflets sur les objets qu'elle n'atteint pas directement. Le ciel demande ici un soin particulier, et, pour cela, passez votre ton de sauce de fusain avec une extrème légèreté, puis criblez-le de petites touches de mie de pain: je dis petites, c'est infiniment petites qu'il faudrait dire. En effet, il faut que, séparément, ces touches ne se voient point, et que toutes ensemble elles donnent un reflet lumineux; c'est ce qu'en peinture on appelle faire jouer un ciel. Vous faites ensuite vos nuages sans mettre de fusain, mais simplement avec le tortillon imprégné de fusain; vous éclairez ensuite franchement avec la mie de pain. On me demande souvent pourquoi la lumière est si difficile à obtenir bien nette sur le ton de fond; cela tient à ce que l'on fatigue le papier en appliquant la sauce de fusain. Si vous obtenez le ton voulu du premier coup, en ne frottant pas le papier trop fort avec le chiffon, vous n'aurez ensuite aucune difficulté à obtenir le ton même du papier avec la mie de pain. Vous passez le ton de fond (2), qui est la mer, et, pour obtenir l'horizon bien droit, vous pouvez prendre une règle et tracer un trait très-léger de mine de plomb, que vous écrasez ensuite avec le ton de fusain : ce trait de mine de plomb disparaît et vous donne de la netteté. Le terrain (3) ne demande pas d'explications particulières: la facture est la même que pour la planche XII. Autant que possible, il faut qu'on reconnaisse dans un dessin la nature des objets représentés. Ici nous indiquons que les rochers sont de granit, en serrant un peu l'exécution et en donnant un grain particulier fait de fusain, accroché seulement aux parties friables du papier; enfin, vous donnez les notes vigoureuses sous les rochers (4).

PLANCHE XVIII

UNE RIVIÉRE

RÉSUMÉ DE LA PREMIÈRE PARTIE

Esquisse. — Pour simplifier un peu la difficulté de ce dessin, nous vous engageons à le faire un peu plus grand que le modèle, parce que, vu la grande quantité de détails qui s'y trouvent, la touche de chaque arbre est si fine, qu'elle demande une grande habileté, une grande sûreté de main. Après avoir

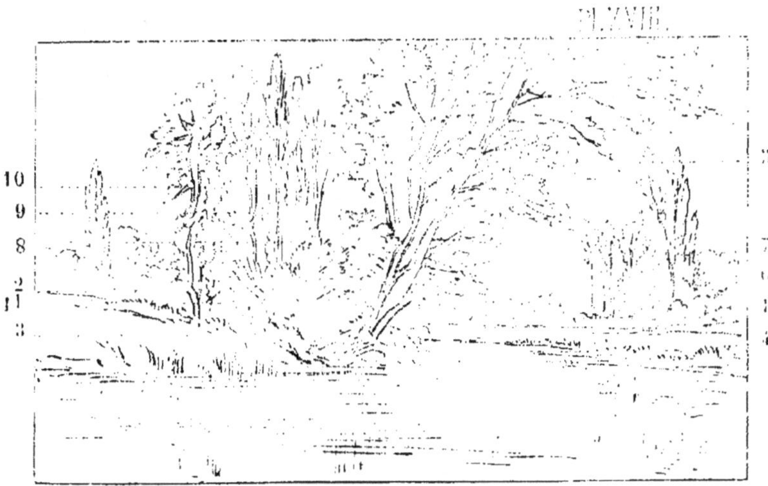

pris vos distances, vous passez un ton de fond (1) que vous écrasez ensuite par grandes masses, ainsi que le ton de fond (2); puis le terrain (3) d'un ton général gris foncé, le terrain (4) un peu plus clair. Vous indiquez l'arbre (n° 5) en le construisant et en passant un ton écrasé à l'estompe qui vous donne le feuillage qui se trouve derrière ; les masses 6 et 7 au tortillon, les arbres 8, 9 et 10 au fusain ; le saule n° 4 en plein clair, écrasé à l'estompe de peau. Enfin, vous massez les eaux que vous écrasez à la moelle de sureau.

De l'exécution. — Vous avez le ton de fond (n° 1) d'un seul ton par l'esquisse avec la mie de pain dont le travail doit se fondre avec le ciel ; vous obtenez la silhouette bien exacte, et avec l'estompe de peau, dont vous devez vous servir avec légèreté, vous modelez ces fonds, qui, bien qu'ils soient à un plan éloigné, présentent un certain relief. Sur ce ton, vous faites du premier coup les masses de peupliers de droite 6 et 7, moitié écrasés, moitié au fusain et d'autant plus vigoureux que vous vous rapprochez de la limite droite de votre dessin. Sur le ton écrasé au tortillon de l'arbre du milieu (5), vous donnez les masses vigoureuses, puis vous dessinez légèrement vos feuilles qui viennent se pencher sur l'eau. Enfin, vous modelez l'eau avec le grattoir et l'estompe et l'éclairez à la mie de pain.

Ces dix-huit planches bien étudiées vous seront déjà d'une grande utilité, surtout si vous les faites une seconde fois en les grandissant, une troisième de mémoire. Ces divers exercices vous mèneront graduellement à composer vous-même des motifs à l'aide de vos souvenirs et vous aurez puisé dans cette première partie du paysage au fusain les éléments d'une bonne éducation artistique.

DEUXIÈME PARTIE

DE L'EXÉCUTION

PLANCHE XIX

Nous avons dit, en tête de la première partie de ce livre, qu'il était moins utile à notre avis de se préoccuper de l'exécution que de l'effet général et de l'ensemble de chacune des planches qui composent ce présent cours; c'est qu'en effet ces premières

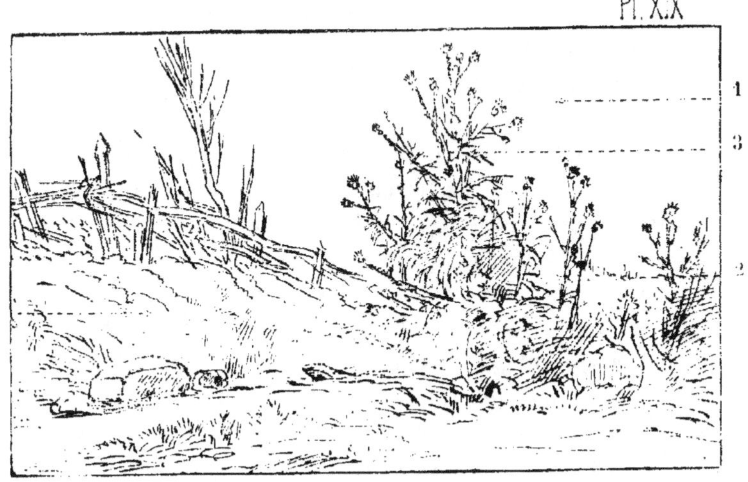

études d'un amateur doivent avoir une influence considérable sur sa manière de faire ultérieure et même sur sa manière de reproduire la nature. Bien que notre tempérament personnel ne nous porte pas à la recherche d'une exécution trop soignée, comme on a pu l'observer déjà en lisant cet ouvrage, il ne faudrait pas penser cependant que nous ne croyions pas à l'utilité des études pratiques de l'exécution ; aussi nous appuierons davantage sur ce travail dans la seconde série d'études.

L'étude du morceau est utile, indispensable même, et le modèle que nous avons sous les yeux vous prouve que ce n'est point une étude stérile. Ici le fond y ajoute de l'intérêt. Après avoir fait l'esquisse, vous écraserez légèrement le village de fond à l'aide de l'estompe et du tortillon. Et nous recommandons ce procédé que nous avons indiqué plus haut, pour donner de la finesse d'exécution au fond, qui est de se servir d'un crayon de mine de plomb finement taillé ; mais il faut en faire usage simplement pour limiter la traînée de fusain que vous posez ensuite, et circonscrire l'effet du tortillon à l'aide duquel vous écraserez le ton, de manière qu'il disparaisse complétement dans ce travail.

D'un ton à peu près uniforme vous massez le terrain (n° 2) que vous écrasez ensuite au tortillon, et que vous renforcez à l'aide du fusain pur dans les endroits vigoureux ; sur ces deux tons différents vous modelez les détails à l'aide du grattoir, en appuyant plus ou moins légèrement, suivant que vos lumières sont grises ou lumineuses. Pour les pierres, reportez-vous à la figure 2 de la planche n° I. Pour l'exécution du chardon, nous ne saurions donner beaucoup de détails, il n'y a point ici de nouveau procédé, tout consiste dans le dessin. Cherchez donc vos formes avec soin, remarquez la forme anguleuse et pointue de la feuille de chardon et des herbes qui se détachent de chaque tige. Calculez avec précision et netteté vos souches vigoureuses qui doivent faire ressortir le feuillé plutôt clair que sombre de cette plante. Cherchez à reproduire cette plante d'après nature, elle est d'une étude excellente, surtout si vous l'exécutez sur un format assez grand, parce que, ne pouvant l'observer que de très-près pour qu'elle forme un sujet à elle seule, vous serez obligé d'en châtier le dessin avec rigueur ; cela, certes, est un des meilleurs sujets que vous puissiez choisir : votre main, en suivant cette forme, s'habituera peu à peu à en rendre l'esprit quand vous aurez à l'interpréter de loin dans un second plan, alors qu'elle fait seulement tache ou variante dans un groupe de détails composant un terrain.

PLANCHE XX

ÉTUDE D'ORMES

Ici commencent les études d'arbres. L'arbre est l'académie du paysage et nous croyons qu'il ne faut pas moins de science,

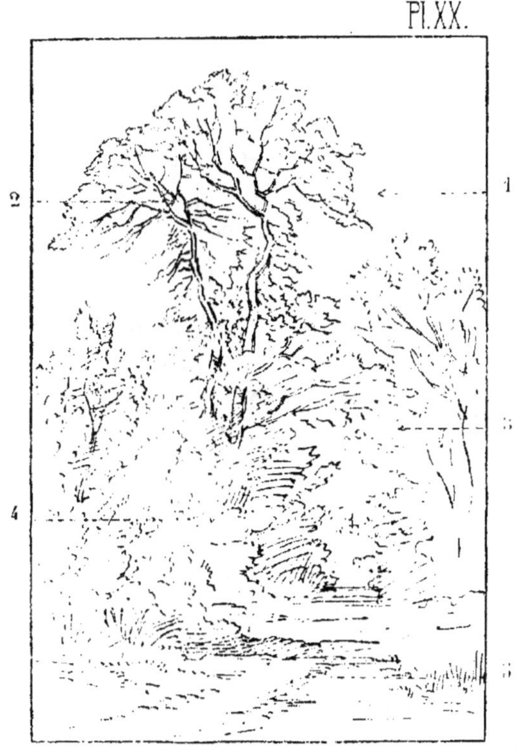

d'étude et d'observations pour bien dessiner un arbre, qu'il n'en faut pour faire une figure. A notre époque, où le talent est

si répandu en fait de paysage, on ne se rend pas bien compte
de cette vérité: aussi a-t-on vu bien des artistes obtenir le
succès sans une connaissance approfondie de ces études premières. On se contente de l'effet, la forme est souvent négligée;
mais il faut bien se rendre compte d'une chose, c'est que les
maîtres véritables, ceux dont la signature seule imprime une
valeur réelle à un tableau, ont fait des études pendant de
longues années avant de se livrer à des compositions d'ensemble.

Prendre un arbre seul, en rendre la construction, y mettre
l'effet, c'est faire œuvre d'étude, et c'est s'assurer le succès
pour un temps si éloigné qu'il soit: à moins que la nature ne
soit absolument rétive, il est impossible qu'avec ces études
préalables vous ne puissiez vous tirer avec succès d'un paysage
complet.

Ici, après votre ton de fond, vous passerez un frottis léger
dans la forme de votre arbre. Cette espèce est vulgairement connue
sous le nom d'orme tortillard; aussi la forme en est-elle toujours
tourmentée. Massez légèrement et réservez toutes vos vigueurs
pour la base. Puis indiquez du même ton le massif de droite et
la route. Après quoi, commencez le dessin de vos branches
et la construction de l'arbre avec netteté: car s'il est heureux
d'avoir ce que l'on nomme en terme d'atelier du flou dans le
feuillé, le ciel ou les fonds, il faut bien s'en garder pour les
branches et la construction de l'arbre. Si loin que vous soyiez,
clignez les yeux, vous en apercevrez toujours la carcasse, si je
puis dire, avec netteté se profilant en vigueur sur le ciel, souvent aussi un peu clair sur une masse de fond ou de feuillage;
écrasez ensuite légèrement le premier ton avec le tortillon,
puis vous donnerez les touches légères des branches extérieures.

Pour l'arbuste (n° 3), bien qu'il soit rare que le maître réserve
le ton du papier, je crois qu'il a ici employé ce mode d'exécution: réservez-le donc afin de dessiner en laissant les blancs,
sans avoir recours à la mie de pain. Le terrain, écrasé par
place sur un ton vigoureux, est rendu lumineux par le grain

indiqué planche 17. Enfin, quelques touches de mie de pain et
du fusain légèrement appliquées vous donneront les brindilles
d'herbes qui émaillent le terrain.

PLANCHE XXI

BONDE D'ÉTANG

Nous avons peu d'instructions à donner au sujet de cette
planche qui se rattache par sa simplicité aux premières planches

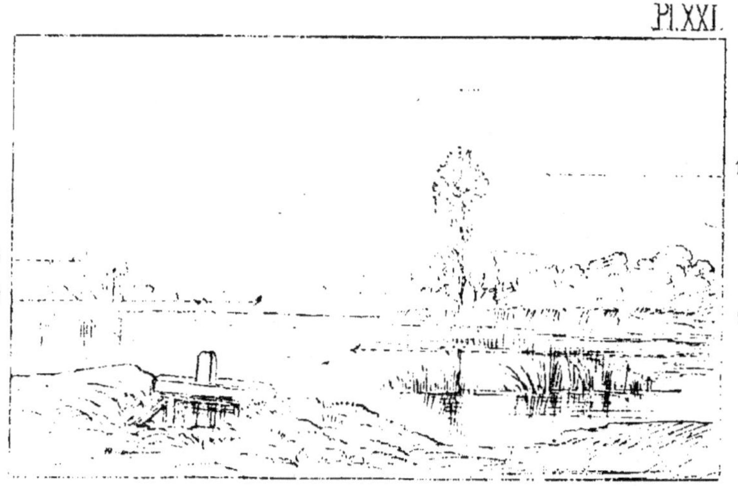

du cours et qui ne présente, à notre avis, qu'une seule difficulté,
qui est la limpidité transparente de l'eau.

Vous passerez donc votre ton de fond (1) d'un gris très-léger

à l'aide de la sauce de fusain, en ayant soin que le ton se reflète
d'une manière uniforme dans l'eau (2), mais pourtant légèrement
plus foncé; la différence entre le ton du ciel et celui de l'eau ne
doit exister que d'une façon presque insensible.

Vous massez ensuite les arbres du fond (3) avec le fusain
légèrement promené que vous écrasez au tortillon, puis, à l'aide
d'un nouveau tortillon neuf, vous enlevez dans ce ton gris les
petites demi-teintes, vous rehaussez au fusain dans les parties
vigoureuses et écrasez encore au tortillon; remarquez bien que
la masse d'arbres de gauche (4) doit être faite sans se préoccuper
des lumières, qui seront ensuite enlevées à la mie de pain aplatie
pour obtenir les blancs lumineux de l'eau.

Vous dessinez les roseaux dont vous indiquez également la réflexion à l'aide de la moelle de sureau.

Le terrain ici est fait entièrement d'un ton vigoureux écrasé
sur lequel vous posez les détails en vous reportant aux planches
8, 9, et 12.

PLANCHE XXII

ÉTUDE DE POMMIERS

Chaque arbre, avons-nous dit, présente un caractère particulier;
cependant nous pourrions dire ici que la carcasse du pommier
rappelle un peu celle de l'orme que nous avons décrite plus haut;
le ton s'en détache presque toujours vigoureusement, même quand
on n'a point le ciel comme fond.

Dans le dessin qui nous occupe nous n'avons d'observations
particulières à faire, en ce qui concerne les seconds plans, que
pour les arbres de droite (1) dont le feuillé est rendu par un
frotté de fusain qui n'est écrasé que par petites places.

Le spectateur étant placé ici devant le pommier de gauche (2), nous devrons masser le pommier de droite (3) d'un ton moins vigoureux que le premier, et, sur ce ton écrasé, par place on devra dessiner les branches du pommier.

Il est à remarquer, dans la manière de construire cet arbre, que l'endroit où les branches viennent s'attacher doit être traité d'une manière anguleuse ; de même les cassures de ces branches doivent porter le même caractère. Le grattoir vous servira à donner un léger modelé et à rendre l'écorce de l'arbre.

Le terrain ne laisse pas que de présenter ici quelques difficultés. La partie (4), qui passe derrière les pommiers, est écrasée au

Pl. XXII

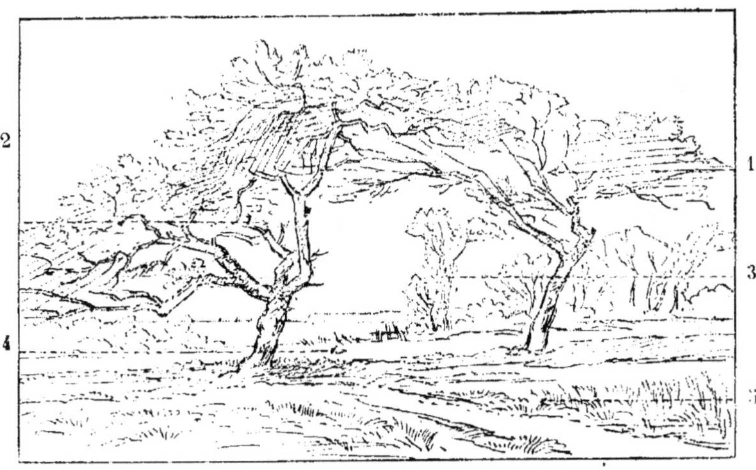

tortillon d'une manière à peu près uniforme, et ce qui donne la lumière est un travail de mie de pain ; dans la partie plus rapprochée, au contraire, le grattoir a été beaucoup plus employé.

D'après nature l'étude des pommiers est excellente, surtout au printemps, parce que la nature n'ayant pas encore de feuilles nous oblige à chercher un dessin correct, et nous pouvons vous le dire, maintenant que nous avançons un peu dans l'étude de ce cours de paysage, il ne faut pas croire que l'on arriverait à un résultat sérieux en ne cherchant que des effets au fusain.

L'exactitude et la correction du dessin doivent être aussi l'objet d'une étude sérieuse, et dès que vous posséderez ces qualités d'une manière satisfaisante, le procédé du fusain vous sera vite familier.

PLANCHE XXIII

ÉTUDE DE HÊTRES

Le hêtre présente généralement dans sa construction plus de souplesse que les autres arbres; aussi vous voyez dans cette planche que les branches 2, 3, 4 et 5, qui viennent s'attacher sur les troncs de droite, se fondent pour ainsi dire avec la tige mère.

Vous massez le ton des arbres du fond (1) comme précédemment et vous esquissez votre grande masse d'arbres.

Nous ne vous engagerons pas ici à donner un ton de fond général pour le feuillé de cet arbre, car par ce moyen, ou vous ne pourriez obtenir les branches lumineuses qui viennent devant si vous massiez en noir, ou vous ne pourriez avoir les valeurs vigoureuses si vous massiez le tout en clair; il faudra donc, contrairement à nos habitudes, masser tout de suite en noir ce qui est vigoureux et l'écraser au tortillon, et en gris ce qui est clair.

Observez le modèle de très-près, et vous pourrez voir que cette étude d'arbre exige un travail très-minutieux, où vous reconnaîtrez l'emploi de la mie de pain, du grattoir, du tortillon et de l'estompe de peau. Quant aux branches qui se détachent sur les bords, elles sont dessinées au fusain, çà et là écrasé.

D'après nature vous devrez également rechercher ces sortes d'études: c'est ainsi que vous apprendrez à faire tourner un arbre, à rendre le feuillage placé devant, et à faire sentir celui qui est derrière. C'est une critique que nous avons eu souvent l'occa-

sion de faire et contre laquelle nous ne saurions trop vous mettre
en garde, lorsque vous ferez des études d'arbres d'après nature
et qui tient, croyons-nous, à ce que, ne clignant pas assez souvent

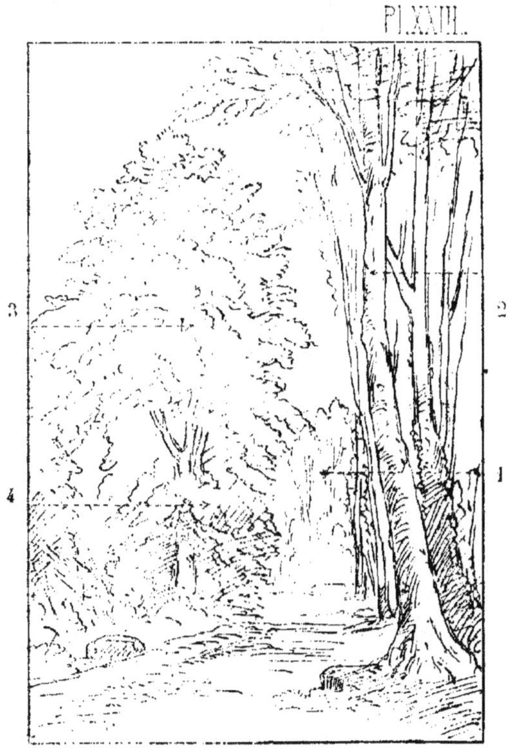

les yeux, l'amateur ne se rend pas compte que toujours le feuillé
qui se trouve devant un arbre doit se détacher en clair et celui
qui se trouve derrière doit se détacher en vigueur.

PLANCHE XXIV

ETUDE DE PLATANES

Le ton du ciel ici devra être un peu plus vigoureux que dans les dessins précédents, et l'on devra exécuter complétement le

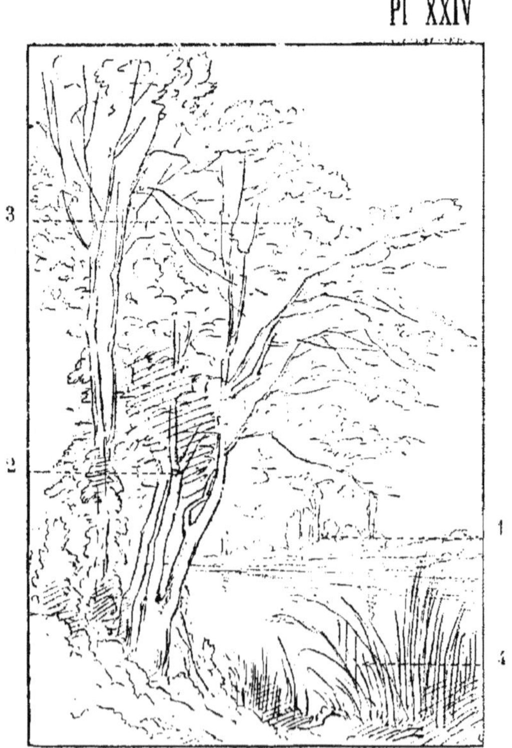

fond (2) et les nuages blancs avant d'esquisser le platane. Le ton général d'un tronc de platane est gris, ses branches sont généralement fines et s'attachent comme celles de l'orme avec une certaine souplesse. On m'a souvent demandé si le maître, pour exécuter ces branches si fines qui sont à l'extrémité d'un arbre, ne se servait pas parfois d'un crayon Conté ou d'un crayon de mine de plomb; non, certes, et d'ailleurs le grain en serait facile à reconnaître, d'autant plus que, signant toujours avec le crayon Conté, on pourrait aisément faire la comparaison.

Pour obtenir les branches fines, il suffit d'abord de tailler son fusain un peu plus fin que d'habitude, et surtout apprendre à se servir de la côte du fusain.

Dans cette étude, les blancs sont réservés, c'est-à-dire qu'autant que possible vous ne devez pas compter sur la mie de pain pour retrouver le ton du ciel que vous apercevez à travers le feuillage. Le caractère particulier du platane est la forme, pour ainsi dire, triangulaire de sa feuille; aussi devrez-vous toujours et à chaque coup de crayon rendre cette forme triangulaire, même dans les masses du milieu, soit que vous vous serviez du fusain, soit que vous l'écrasiez au tortillon.

Un ton écrasé, surchargé ensuite d'une traînée de fusain dans la partie gauche, vous donnera le terrain, et vous exécuterez les roseaux en vous reportant à la planche (n° 8).

PLANCHE XXV

ÉTUDE DE SAPINS

Nous vous donnerons plus tard, dans l'explication de la planche (n° 39) les règles générales à observer pour rendre un effet de neige. Quant à présent, pour cet effet de montagnes couvertes de neige (n° 2) qui se trouvent au dernier plan, qu'il nous suffise de vous rappeler que les blancs ne sont presque jamais réservés en fusain, et dans le cas présent, moins que dans tout

autre ; vous passerez donc un ton gris un peu fort de sauce de
fusain sur toute la surface de votre papier ; vous le renforcerez
légèrement d'un ton semblablement posé à l'endroit des montagnes du 2 ; puis vous esquisserez vigoureusement les sapins et le
reste de votre paysage à l'aide de la mie de pain un peu salie ;
vous obtiendrez les blancs de neige des montagnes du fond ;
observez bien qu'un blanc trop cru. c'est-à-dire obtenu à l'aide
de la mie de pain trop propre. ferait. non pas une lumière dans

Pl. XXV.

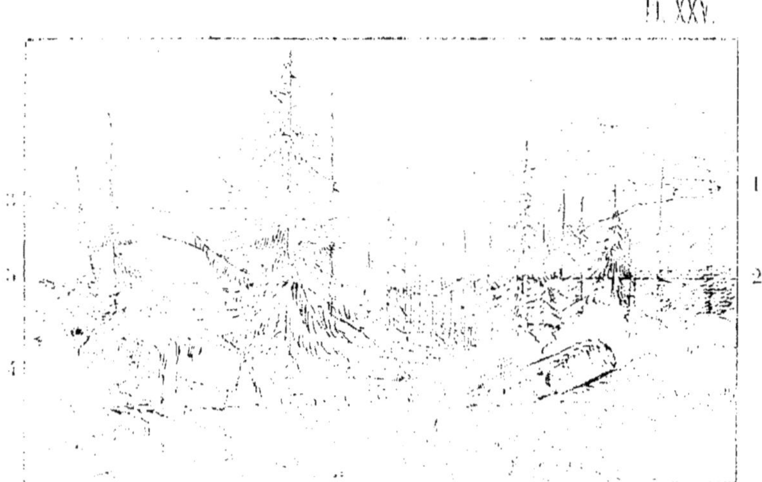

votre dessin, mais un vide. Les sapins doivent être dessinés au
fusain d'une manière très-vigoureuse, et, pour obtenir les branches qui sont placées devant le tronc de l'arbre, et qui se détachent en gris foncé sur le fond, vous devez faire usage du grattoir et non du tortillon. Appuyez seulement avec légèreté avec
le grattoir, et vous n'aurez qu'un gris foncé sans note qui dé-
tonne ou qui vienne lutter avec les premiers plans. Pour les terrains, reportez-vous aux premières planches du cours.

PLANCHES XXVI & XXX

ÉTUDES DE CHÊNES

Il y a deux manières d'entreprendre les études d'arbres d'après nature : la première, qui est de se placer à une certaine distance du sujet, de telle sorte que l'œil n'embrasse que les formes générales ; les masses se détachent les unes des autres et les branches qui se profilent au travers, tel est l'exercice que nous avons à la planche (n° 26). La seconde méthode consiste à

Pl. XXVI.

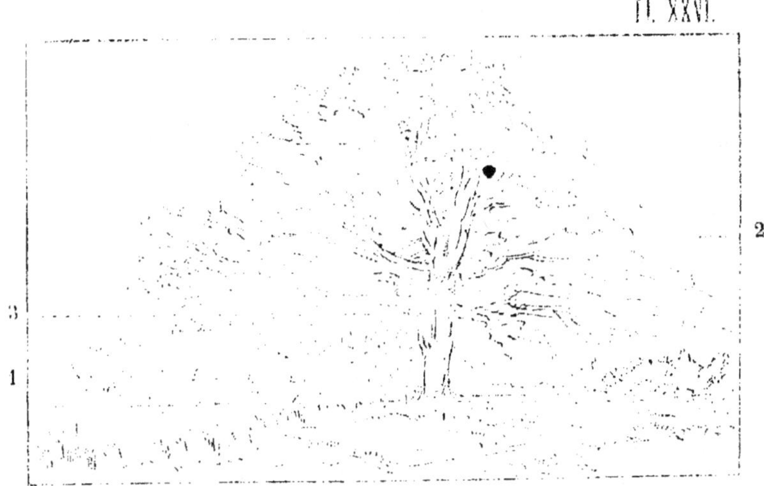

se rapprocher du sujet, de manière à n'avoir sur son papier qu'une partie très-détaillée du sujet, soit une masse de feuillé où les feuilles seront étudiées et rendues avec soin dans leurs mille allures variées ; soit, comme nous l'avons à la planche n° 30, le tronc de l'arbre que l'on peut alors prendre dans des proportions telles, qu'on pourra en étudier l'écorce. Dans notre pre-

mière planche, après avoir fait les fonds (n° 1), on pourra enve-
lopper le chêne par trois lignes formant triangle, duquel on ne
devra point s'écarter dans l'exécution; puis, après avoir massé
légèrement le feuillage à deux tons, on dessinera le tronc et les
branches; servez-vous pour cela du petit fusain Buisson, dit Mignonnette, qui vous donnera la vigueur et la netteté voulues.

Pl. XXX.

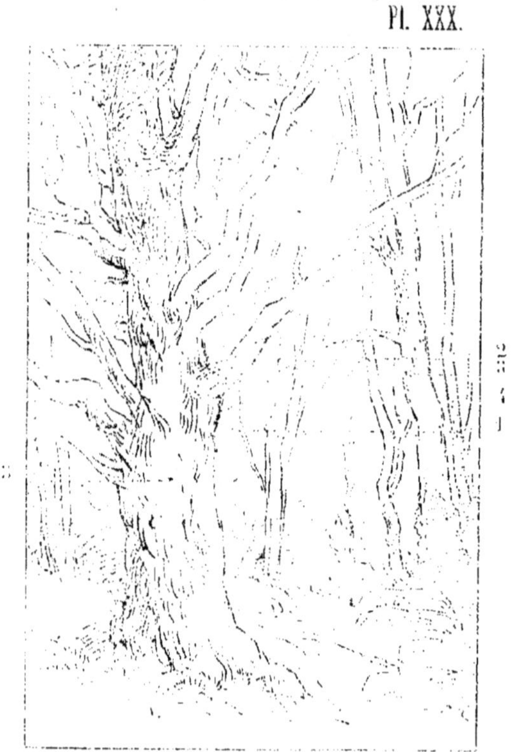

puis vous écraserez la branche 2, au tortillon, et renforcerez
ensuite les vigueurs. Remarquez que les petites vigueurs 3, 4
et 5, que vous apercevez à l'attache des branches, sont obtenues
ensuite à l'aide de la boulette de mie de pain.

Dans la planche 30, nous vous engageons à faire d'abord le
fond et les arbres de droite n° 1, 2, 3, avant de commencer
votre chêne; ces arbres sont tous écrasés au tortillon, puis re-

haussés de fusain ; l'arbre n° 2, un peu gratté par place ; enfin,
vous esquissez le chêne en mettant du premier coup les vigueurs
du côté gauche, qui le feront tourner ; dans l'écorce du bas, le
grattoir n'a pas été employé : c'est une traînée de fusain légèrement posée qui donne le résultat que vous voyez, et vous
l'achevez en posant verticalement et de haut en bas les traits de
fusain. Cette étude d'arbre, faite en hiver, est excellente, en ce
sens qu'elle vous apprend à châtier le dessin. Si vos occupations
ne vous permettent point de les faire sur nature, vous pouvez
vous servir de la photographie. Sans doute, nous ne sommes
pas très-partisans de ces sortes de travaux, surtout si, comme
nous l'avons vu dans ces temps derniers, on prend un paysage
rendu par la photographie pour en faire un dessin exactement
semblable ; mais cependant quelques photographes, qui font eux-
mêmes du dessin ou de la peinture, ont choisi récemment d'a-
près nature des études de morceaux et de détails qui peuvent
être utiles aux artistes ; seulement, lorsqu'on se sert de ces
épreuves, il faut avoir soi-même déjà suffisamment d'études pour
se rendre compte de la sécheresse que l'on obtiendrait en rendant tous les détails de la photographie, et toujours bien se rappeler que l'art ne consiste pas à rendre servilement ce que l'on
voit, mais bien à l'interpréter ; les tempéraments divers rendront
l'œuvre diversement agréable.

PLANCHE XXVII

COUR DE FERME

Sans entrer dans les détails de perspective qui n'ont point de
raison d'être dans ce livre, je vous conseillerai simplement de
partager votre dessin en deux par la ligne C. D. : le point d'in-

tersection se trouvant au milieu de votre dessin, les lignes de vos toits 3 et 4 devront en les supposant prolongées y aboutir ainsi que la base de la ferme n° 8.

Les arbres qui forment le fond du paysage, n'étant point très-distants du spectateur, devront être non-seulement écrasés, comme dans les tons de fond, mais aussi un peu modelés et cependant sans venir lutter comme valeur avec l'arbre n° 5; sur un ton assez vigoureux vous passez le tortillon, et vous reprenez ensuite au grattoir pour rendre les toits de chaume. Ayez soin que vos lucarnes 6 et 7, bien que n'étant pas régulières de

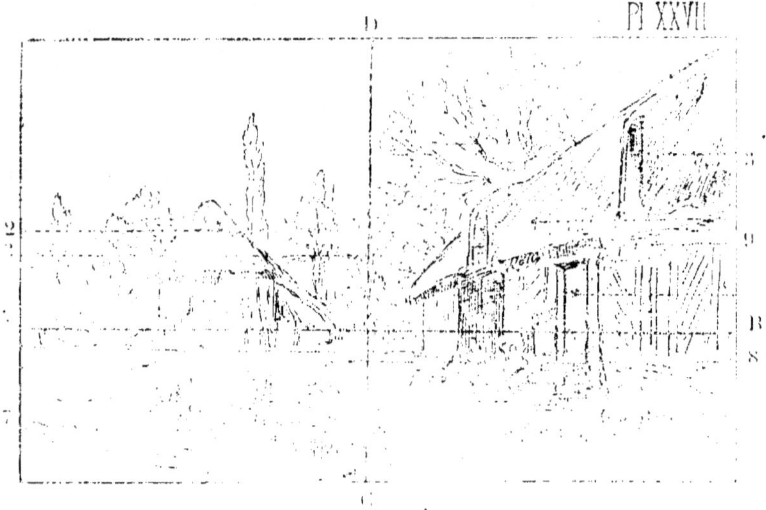

formes et ne présentant point de lignes droites, portent bien d'aplomb sur la maison; en vous reportant à la figure n° 4 de la planche n° I, dont vous supprimerez les détails, vous ferez la petite porte n° 7.

Enfin le tas de fumier qui se trouve à gauche sera fait à l'aide du grattoir.

Ici encore la photographie peut vous servir de renseignements, comme je vous l'ai dit plus haut; mais l'écueil que je vous signalais se présente encore plus fréquemment, et il faut bien vous garder, lorsque vous rendez une rue de village, une maison, une *fabrique* quelconque, d'en détailler la construction pierre à pierre, ce que fait la photographie. On doit, au contraire, chercher à rendre largement les fabriques et réserver le travail d'une exécution recherchée pour le reste d'un paysage, cela donne une variété d'exécution à un dessin qui ne fait qu'ajouter à sa valeur artistique.

PLANCHE XXVIII

UN ÉTANG

Pour conserver le ton lumineux qui règne dans cette planche il sera très-important de tenir le ton de fond très-clair; il suf-

fira pour cela d'imbiber le tampon de très-peu de sauce, puis, l'esquisse faite, ainsi que la mise en valeur, vous exécuterez le ciel en procédant pour le nuage (2) ainsi qu'il est indiqué à la planche 7; vous pourrez également vous reporter à la planche 3, pour les peupliers de droite du fond; la masse d'arbre (4) écrasée au tortillon sera reprise en vigueur dans les parties noires et légèrement touchée de la mie de pain vers les bords. En réduisant la touche et l'exécution générale de l'étude de peupliers que nous avons vue plus haut, nous obtiendrons les deux peupliers qui forment le sujet principal de cette étude, et pour obtenir les finesses des branches du peuplier penché sur l'eau, nous vous engagerons à vous servir du fusain Vénitien. Les eaux devront comme précédemment être écrasées à la moelle de sureau, et en revenant sur ce ton horizontalement, à l'aide du tortillon, vous obtiendrez les terres vaseuses et les mousses qui forment le premier plan.

PLANCHE XXIX

MARÉE BASSE

Cette planche est à notre avis si simple qu'elle eût pu, sans

PI. XXIX.

inconvénient, trouver sa place dans la première livraison de ce cours; elle ne présente à notre avis qu'une seule difficulté qui est d'obtenir ce grain général qui forme le sable; or, nous croyons vous l'avoir dit, c'est en promenant légèrement le fusain de manière à n'accrocher que les parties friables ou les aspérités du grain du papier qu'on peut y parvenir.

Rappelez-vous également que c'est à l'aide d'un trait léger de mine de plomb que vous pouvez obtenir la ligne d'horizon de la mer.

PLANCHE XXXI

SOUVENIR DU DAUPHINÉ

Cette planche demande le plus grand soin en ce qui concerne l'esquisse et l'ébauche, car c'est à l'aide de cette ébauche et des frottis du dessous que l'on peut obtenir le fouillé. On pourra donc masser le groupe d'arbres d'un ton extrêmement léger à l'aide d'un frottis que l'on étendra par place avec l'estompe de papier, puis en graduant la vigueur de haut en bas. On superposera des tons que l'on écrasera ensuite jusqu'à ce que l'on arrive à la valeur voulue, et de cette façon on aura déjà les masses principales dans lesquelles on pourra introduire le corps de l'arbre, le bas avec un fusain bien noir, dans les clairs du haut avec un tortillon, les branches qui reçoivent la lumière avec la mie de pain.

La barrière, qui ne doit point être réservée, s'obtient ensuite à l'aide du tortillon et de la mie de pain, et nous lui donnerons le relief à la partie intérieure à l'aide d'une touche vigoureuse de fusain.

La fabrique de gauche d'un ton gris qui est écrasé au tortillon, d'un ton gris un peu plus vigoureux que la tête des arbres et légèrement gratté de haut en bas, ce qui rend assez bien

l'aspect du chaume : usez, pour rendre la partie ensoleillée du
terrain, du procédé que je vous indique à la planche précédente
pour rendre le sable au bord de la mer, et si vous voulez rendre
bien exactement la lumière vive qui frappe ce terrain, ayez
soin que dans votre dessin aucune lumière ne vienne lutter avec

Pl. XXXI.

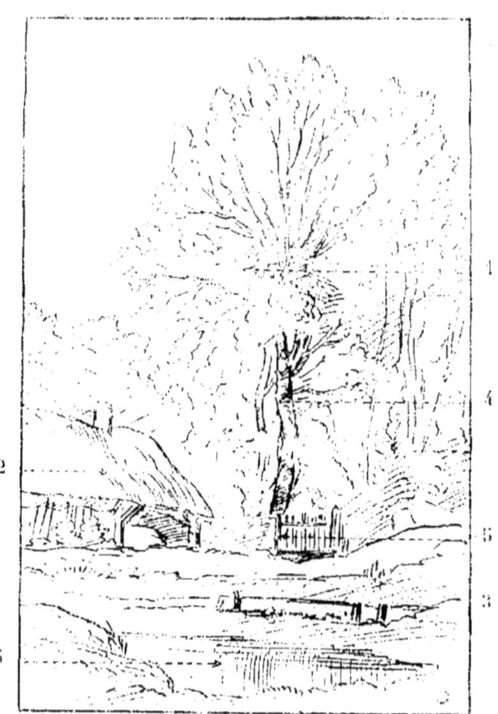

celle-ci. Le reste du terrain est fait d'un ton vigoureux de fusain
écrasé au tortillon, et la partie tout à fait inférieure par le
même procédé que la partie ensoleillée, avec cette seule différence qu'on a eu soin d'écraser d'abord un léger ton de fusain
pour ne point venir lutter de valeur avec la partie la plus ensoleillée du dessin.

PLANCHE XXXII

SOUS-BOIS

On aurait, à notre avis, beaucoup de peine à rattraper soit avec
la mie de pain, soit avec tout autre moyen, l'éclaircie de ciel

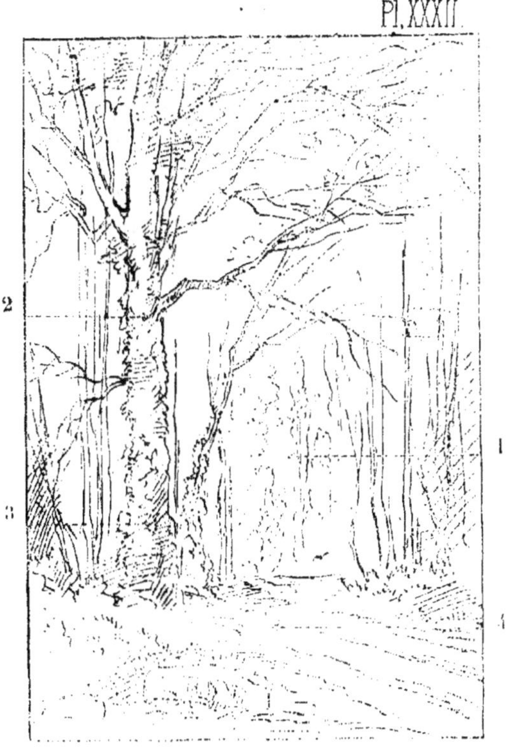

du fond ; aussi fera-t-on bien en passant ce ton de fond, qui est
assez général dans les sous-bois, de le modeler de façon à

obtenir les formes qui se profilent sur le ciel sans qu'il soit besoin d'y revenir.

Reportez-vous à la planche 30, pour exécuter les arbustes et arbres du fond et je puis dire aussi le chêne du premier plan, en observant seulement que dans un effet d'hiver, c'est-à-dire alors que les arbres sont entièrement dépouillés de leurs feuilles, les branches se détachent sur le ciel d'une manière beaucoup plus nette, plus sèche et par là même moins agréable. Ici, pour le tronc de chêne du premier plan, vous pouvez simplement ne tracer que la forme générale, puisqu'il est entièrement recouvert de lierre.

Ce lierre s'obtient d'une manière à peu près analogue à celle que nous avons indiquée pour le feuillé du platane, le tout en plus vigoureux.

Nous ne reviendrons point sur l'exécution du terrain que nous avons vu plusieurs fois dans les planches précédentes. On pourra faire usage du crayon Conté pour dessiner les oiseaux, ce qui leur donnera une valeur plus importante.

PLANCHES XXXIII & XXXV

PORCHE NORMAND ET PETITE PORTE

Nous réunissons ces deux planches parce qu'elles sont pour ainsi dire faites avec la même manière de touche, la seule diffé-

Pl. XXXIII.

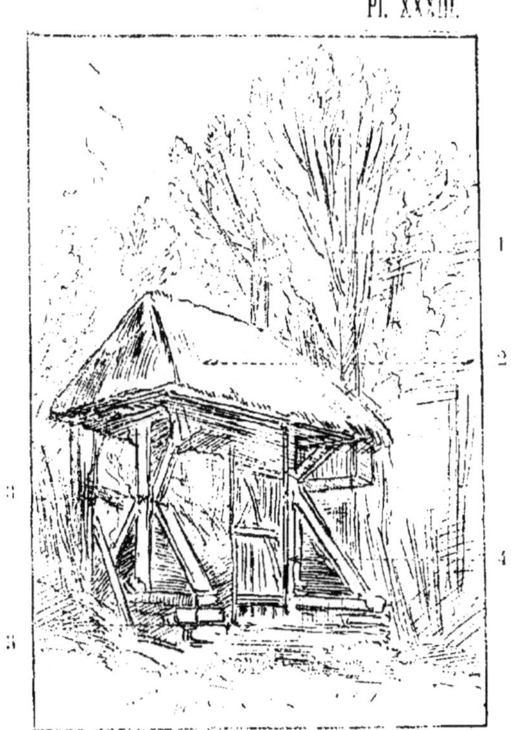

rence est dans la planche 33. Cette touche dans le feuillé est écrasée tandis qu'elle ne l'est point dans la planche 35, que la touche lumineuse sur le chaume et le terrain (33) est obtenue à la mie de pain, et au grattoir dans les herbes qui se détachent du terrain, planche 35. Ces deux différences de touche bien établies, vous reconnaîtrez facilement l'exécution du reste de

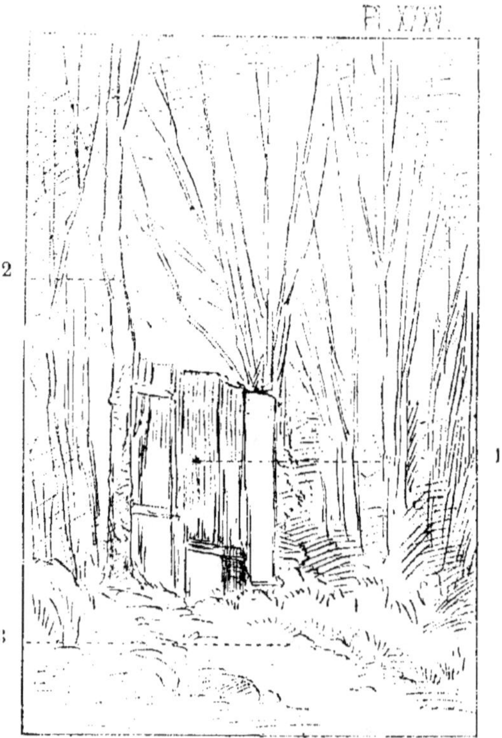

ces deux dessins, si vous avez bien suivi nos instructions précédentes.

Nous avons quelques observations à faire sur la manière d'interpréter ces sortes de sujets d'après nature, mais nous aurons l'occasion d'y revenir dans la troisième partie de ce cours : aussi n'anticiperons-nous pas pour éviter les répétitions.

PLANCHE XXXIV

BORDS DE LA LOIRE PRÈS SAINT-ÉTIENNE

Le ton de ciel étant passé uni comme dans les précédents dessins, on fera ici l'esquisse, en commençant par les tons de fonds : ce ton doit être d'un gris un peu vigoureux, modelé finement ; les ruines posées bien d'aplomb et un peu vigoureuses à leur base, mais toujours dans des tons écrasés. Vous rendrez aisément le terrain que nous avons déjà vu précédemment :

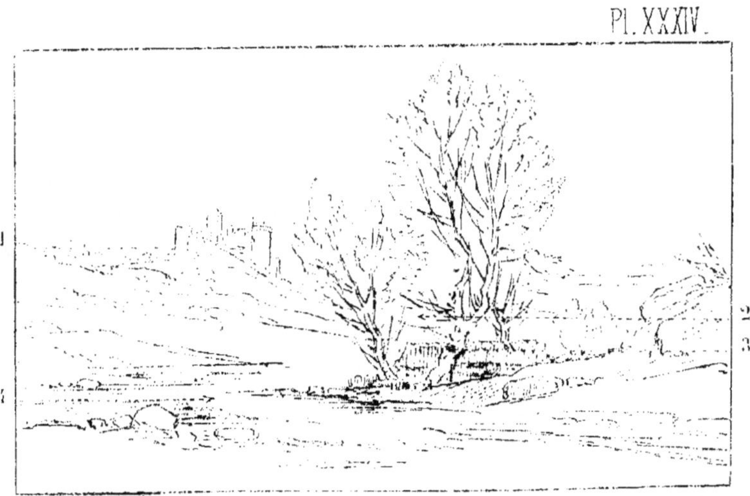

l'eau (n° 3) doit être écrasée dans le sens horizontal et la lumière dans cette eau sera la dominante blanche du dessin.

Les arbres (n° 2) dessinés avec un fusain bien noir seront faits d'un frottis léger, repris çà et là de quelques touches vigoureuses.

Je ne saurais trop rappeler au lecteur l'attention toute parliculière qu'il doit porter sur les tons de fonds ; il faut, en général, pour les bien rendre, employer un ton de fusain écrasé d'une manière parfaitement régulière.

Je sais bien que quelques artistes obtiennent un excellent résultat, comme effet, à l'aide d'un ton très-légèrement appliqué, sans employer le tortillon : le défaut de cette méthode, qui ne manque pourtant point d'un certain charme, est de donner une certaine crudité au dessin, ce qui souvent aussi nuit à la solidité.

PLANCHE XXXVI

ROCHES ET ARBRES

Ce qui fait que les amateurs éprouvent souvent une certaine difficulté à rendre les sous-bois, c'est le manque de parti pris pour placer le ton de fond, pour rendre le feuillé. Dans cette planche, le ton de fond (1) devra être passé à l'aide d'une couche de fusain légèrement appliquée, puis écrasée au tortillon d'une manière régulière ; le même procédé, mais plus ferme et plus net et d'une touche plus vigoureuse, vous donnera la valeur générale du terrain (4). Sur ce terrain vous placerez l'arbre 3 d'un ton de noir intense, c'est-à-dire qu'aussitôt après en avoir indiqué l'esquisse à l'aide d'un trait léger de fusain pour en obtenir très-exactement le contour, vous poserez largement la touche vigoureuse de haut en bas, et, autant que possible, du premier coup afin de conserver le velouté du fusain. Vous procéderez de même pour obtenir les arbres de droite et du fond. Ceux du fond à gauche seront repassés au tortillon. Afin de bien faire saillir le rocher 2, vous pourrez en écraser la partie supérieure avec le tortillon de haut en bas et en accuser vigoureusement le dessous; enfin vous modèlerez le terrain à l'aide du fusain lui-même, puis vous en détacherez toutes les herbes au grattoir (*).

Au point où nous en sommes de l'exécution, vous avez toutes les formes et les tons de fond, il vous reste à exécuter le feuillé qui se trouve derrière l'arbre n° 3 et devant les arbres du fond.

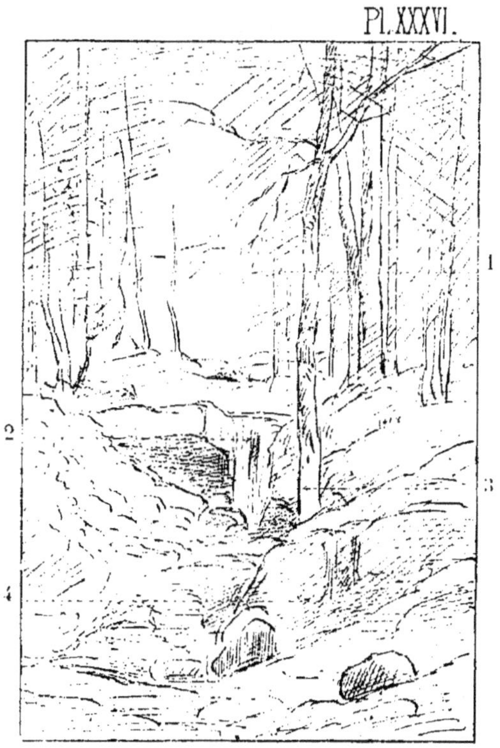

Or, ce feuillé, qui peut paraître difficile à rendre au premier abord, est au contraire d'une très-grande simplicité : approchez le modèle de vos yeux, vous verrez que ce feuillé est obtenu à l'aide d'une myriade de petites touches, presque régulières, à la mie de pain, au grattoir, enfin au fusain même. Le dessin une

(*) *Le Fusain sans maître.* p. 30.

fois terminé et fixé, vous pouvez, pour obtenir une grande intensité de noir sous la roche (2), vous servir d'un procédé que je ne vous ai point encore indiqué et qui consiste à broyer à l'eau du fusain que vous empâterez ensuite à l'endroit où vous voulez obtenir la plus profonde vigueur.

Vous nous excuserez, lecteurs, si nous nous sommes autant appesantis, avec de trop nombreuses redites peut-être, sur les procédés d'exécution dans la seconde partie de ce livre ; nous n'avons qu'une excuse à cela : c'est que nous désirons autant que possible n'y plus revenir dans la troisième, et nous étendre au contraire sur les diverses manières d'interpréter la nature et de profiter ainsi des études que nous avons faites jusqu'à présent.

TROISIÈME PARTIE

LA NATURE

PLANCHE XXXVII

UNE MARE

Si nous nous sommes réservé cette dernière partie pour entrer dans quelques considérations sur l'étude d'après nature, c'est qu'en effet l'exécution de ces dernières planches nous en semble plus simplifiée, plus nette, plus libre en un mot; ce qui

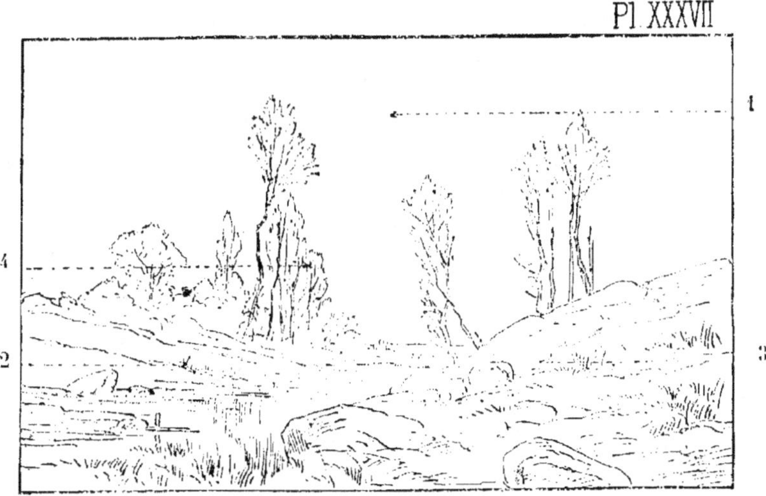

ajoute à la valeur picturale de l'œuvre. Néanmoins, sans nous y attacher d'une manière spéciale, nous mentionnerons cette exécution en nous reportant aux planches précédentes, bien que nous devions avoir suffisamment étudié ce qui précède pour que les points de ressemblance se trouvent à première vue. Ainsi, dans cette planche, il est bien évident que nous ne trouvons qu'une seule chose nouvelle au point de vue de l'exécution, c'est ce que je pourrai appeler le modelé du fusain à deux plans différents.

Le ciel très-lumineux nous rappelle celui de la planche 1, les terrains (2) du second plan se modèlent sur un ton uniforme, celui du premier plan (3) sur un ton varié. C'est qu'en effet en clignant suffisamment les yeux, la distance qui existe entre le dessinateur et les objets qui forment le second plan de son œuvre, unifie le ton, et les détails qui viennent faire saillie sur ce ton ne doivent jamais nuire à l'unité générale. Il n'en est pas de même pour les premiers plans. Au point de vue absolu on pourrait arriver au même raisonnement, c'est-à-dire, qu'en clignant les yeux plus fortement lorsqu'on regarde les premiers plans, on peut en unifier le ton d'une manière générale, mais la lumière frappant les objets sur un plan plus rapproché de l'œil divise quand même l'unité du ton de dessous. En conséquence, dans notre modèle, le terrain de premier plan est modelé tout d'abord sans se reposer sur un ton de fond uniforme. Les arbres de droite (4 et 5) sont faits d'un frottis extrêmement léger au tortillon sur lequel on applique le plus de finesse possible : ceux de gauche (6) sont faits de la même manière, mais d'un ton plus vigoureux, presque uni, mais plus modelé.

La mare n° 7 faite avec de la moelle de sureau; ainsi qu'il est dit plus haut, doit autant que possible se fondre avec les deux plans de terrain. En thèse générale une mare, ou eau dormante, se présente de deux façons : ou bien elle est peu profonde et reflète les objets comme un miroir en les simplifiant, ou bien elle est profonde et doit se rendre par un parti pris noir avec quelques lignes lumineuses seulement; dans ce dernier cas il n'y a point d'inconvénient à ce qu'elle *l'emporte de valeur* sur le reste du paysage (*).

(*) Lorsqu'après avoir posé au fusain un ton uniforme vous l'écrasez à l'estompe dans le même sens, le ton est uni : si, au contraire, vous posez le même ton, d'une valeur partout égale, mais en sens différents, et si vous variez également la touche en l'écrasant à l'estompe, en conservant partout la même valeur, le ton est encore uni, mais il est modelé.

PLANCHE XXXVIII

PEUPLIERS

Il y a deux espèces de peupliers, le peuplier de Hollande, et

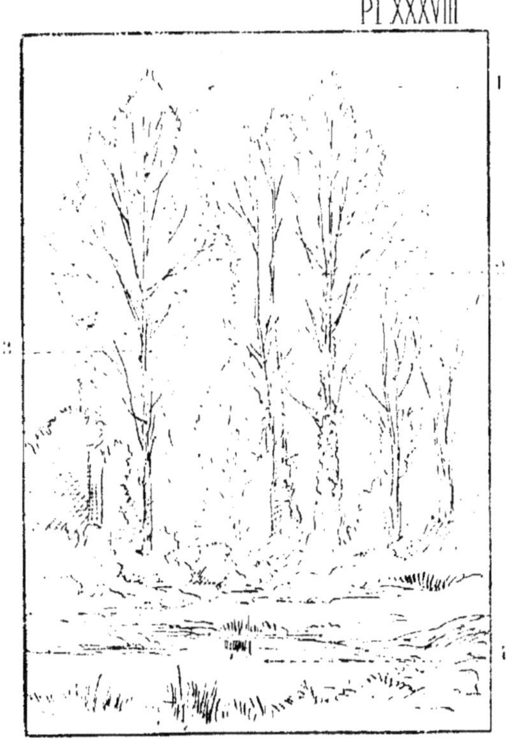

celui d'Italie ; l'un s'élance du sol droit et raide : ses branches à leur naissance se replient immédiatement pour suivre la direction de la tige-mère. Le feuillage, à mesure qu'il croît, vient masquer branches et tige, d'où l'on peut conclure que l'on n'y retrouve généralement que la forme extérieure. L'autre, au contraire, s'étale davantage, la branche prend une direction oblique à la tige-mère : le feuillage, un peu clair-semé, en laisse voir la construction. L'étude (n° 14) nous a donné l'exécution du peuplier d'Italie. Celle-ci vous donnera l'exécution de la seconde espèce. Et on peut voir, en rapprochant les deux modèles, que cette exécution est analogue, sauf qu'ici la souche est moins rapprochée, plus douce et moins saccadée. Près de la tige ou du tronc de l'arbre on pourra poser la touche avec solution de continuité, ce qui donne du flou et de l'air au dessin.

Enfin remarquons que l'exécution des premiers plans et des terrains est ici simplifiée, ce qui reporte l'intérêt aux arbres mêmes qui sont le but principal d'étude dans ce dessin.

PLANCHE XXXIX

EFFET DE NEIGE

Cette étude est peut-être la seule de ce cours qui ne soit pas faite d'après nature. Comment en effet rendre sous le froid et les

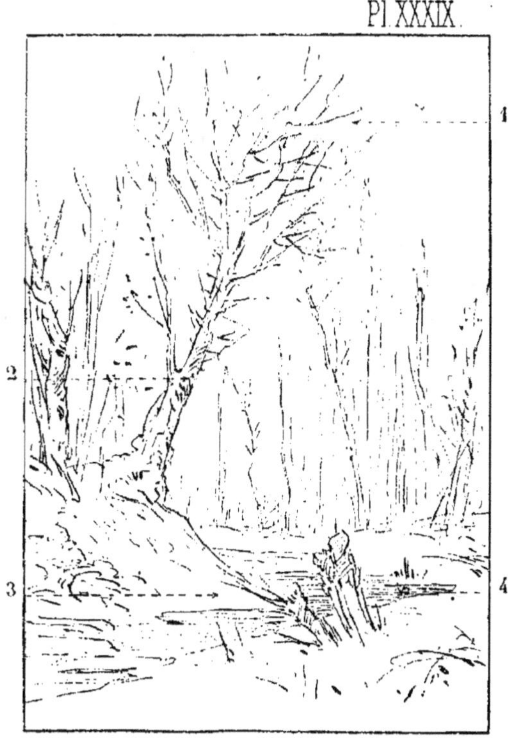

pieds dans la neige une œuvre aussi complète d'un dessin si correct? Non ces effets ne se rendent point d'après nature, et à mon avis l'œuvre n'en a que plus de mérite, car elle est le résumé de vingt années d'études et d'observations. Ainsi qu'un compositeur fait un morceau d'une phrase musicale, ainsi sur ses notes et ses croquis l'artiste a fait son dessin. Il a pris dans ses cartons un dessin fait à l'automne avancée, lorsque les arbres sont dépouillés de leurs feuilles, et sur ce motif a rendu l'effet de neige. Ainsi devrez-vous procéder lorsque vous voudrez arriver au même résultat. Mais pour cela que de notes, que de renseignements, il vous faudra puiser d'après nature. Allez donc sur le terrain ou mettez-vous à une fenêtre donnant sur la campagne durant la neige et notez les valeurs : tout est là. Et d'abord vous avez deux principes à observer : la neige doit rarement être rendue à l'aide du blanc absolu, sauf en un seul point du dessin, ce point doit servir de dominante : les ombres portées peuvent être un peu rigoureuses, mais jamais noires. Enfin la nature d'hiver étant noire sous la neige, on devra partir du principe noir et non du blanc réservé. Ainsi, dans ce modèle, le papier n'apparaîtra nullement une fois l'esquisse faite. On devra en chercher le dessin sans se préoccuper de la neige, comme si on l'exécutait en automne par un temps sombre, puis on enlèvera les blancs à la mie de pain, et au grattoir le long des branches fines ; la dominante noire sera l'eau (1), la dominante blanche le terrain qui se trouve immédiatement à côté (2) ; observez bien que les détails qui sont au premier plan doivent être arrêtés net sur la neige, c'est là un des points les plus caractéristiques des premiers plans par un effet de neige. De même s'il y a des feuilles sèches restées au bout d'arbrisseaux comme ici (n° 5), ces feuilles apparaissent comme des taches variées sur le ton de la neige.

PLANCHE XL

CLAIR DE LUNE

Ce que nous venons de dire précédemment pour l'effet de neige au point de vue de l'ensemble et du parti pris noir du point de départ peut s'appliquer également à cette étude.

On passera donc d'abord un ton général très-vigoureux, qu'il vaudra mieux écraser au pouce qu'au chiffon, et sur ce fond noir on fera l'esquisse. A l'aide d'une estompe de peau salie et

Pl. XXXX.

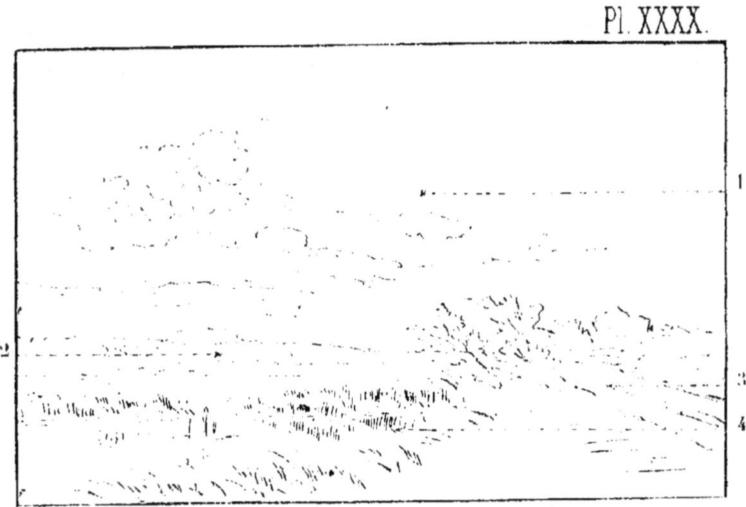

plutôt noire que blanche, on obtiendra les nuages de droite qui se détachent en clair sur le fond ; puis on modèlera les gros nuages noirs au fusain, et l'on écrasera la touche irrégulière en se servant du fusain lui-même comme estompe ; cette seconde touche doit, pour former estompe, être plus légèrement appliquée que la première.

Il faut, autant que possible, que la vigueur du ciel soit moindre que celle du reste du paysage ; bien que la différence soit presque insensible dans le modèle, elle existe néanmoins, et de là dépend tout l'effet du paysage ; il n'est pas nécessaire d'ajouter que tous les blancs sont obtenus à la mie de pain employée de droite à gauche dans la partie supérieure des nuages, de gauche à droite ou horizontalement dans les parties inférieures. Les roseaux sont rendus exclusivement à l'aide du fusain lui-même et du grattoir. Ces effets, d'après nature, peuvent être étudiés plus facilement que les effets de neige, vu qu'il n'est pas impossible de travailler à la lampe en plein été par les grandes chaleurs ; mais il faut avoir soin que la lumière ne vienne frapper que le dessin, et pour cela on pourra se servir avantageusement des nouveaux abat-jours-réflecteurs en usage chez les graveurs. Le principe noir devra généralement être observé ; mais néanmoins il arrive parfois qu'en plein été, par un ciel bien pur et bien étoilé, l'aspect général d'un paysage est d'un gris assez clair ; les ombres portées seules exigent alors une grande vigueur.

PLANCHES XLI & LIII

TORRENT — PYRÉNÉES

Ces deux planches ont une telle analogie au point de vue de la forme et de la valeur relative des tons, que nous avons mis les mêmes numéros. Nous les expliquerons ensemble. Le ton général (1) gris-clair à l'aide de la sauce ; les montagnes de dernier plan éclairées dans la planche (41) à la mie de pain, ce qui indique des glaciers ; dans la planche (53) à l'estompe de peau, car ce sont des montagnes ordinaires. Dans la planche (41), le flanc de droite (3) est formé d'une forêt de sapins ; en vous re-

portant à la planche (25), vous en trouverez l'exécution. Dans le
motif des Pyrénées, au contraire, c'est une montagne grise mo-

Pl. XXXXI.

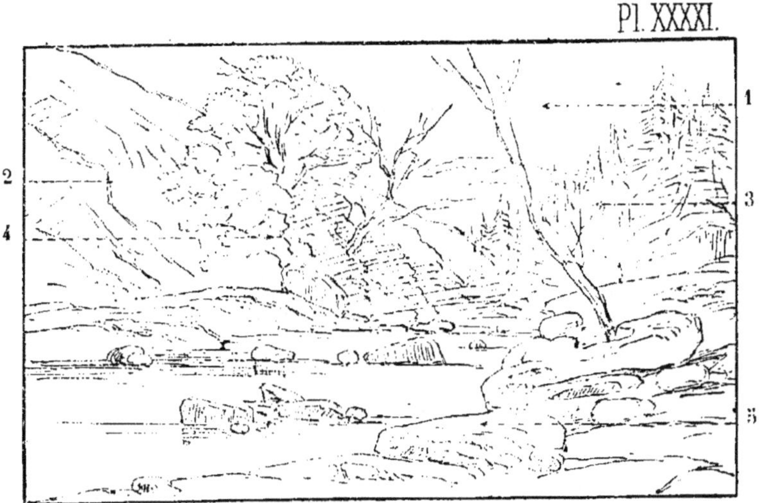

deléc surtout à l'estompe ; le grattoir a été plus employé dans la

Pl. LIII.

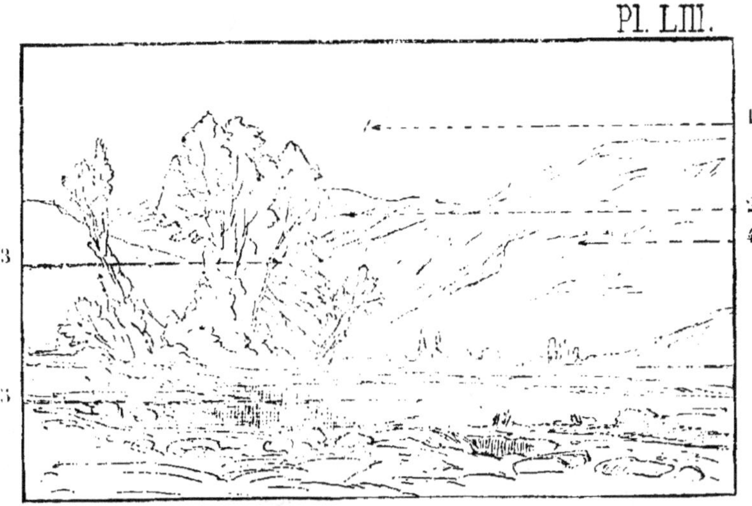

montagne de gauche de la planche (41), qui a, pour ainsi dire,
la même valeur de ton ; les arbres (3) et (4) sont modelés sim-

plement au fusain ; quelques touches de mie de pain donnent la transparence des fonds. Les eaux, ainsi que nous l'avons déjà dit, sont d'une valeur généralement vigoureuse quand elles sont de la sorte encaissées entre deux collines. Nous croyons qu'on fera bien d'étudier ces deux planches avec le plus grand soin, surtout en ce qui concerne les fonds, car c'est surtout ce qui est le plus défectueux dans les dessins d'amateurs, qui généralement voient trop de détails et manquent de parti pris dans leurs masses générales ; et dans les pays de montagnes, plus que partout ailleurs, le fusain doit se traiter rapidement, car l'effet change vite, et il ne faut pas, à notre avis, travailler plus d'une heure sur un motif, si l'on veut obtenir un effet exact.

PLANCHE XLII

BARRIERE

Cette planche est une variété du sous-bois, que l'on pourrait appeler à ciel découvert, c'est-à-dire que le ton de fond (1) ou ciel doit être réservé, et que les masses ou branches qui font silhouette doivent être appliquées sur ce fond. Ici l'esquisse devra se faire en plaçant les gros arbres (2 et 3), puis celui du milieu ; les autres arbres venant joindre ceux-ci, soit à la base, soit au sommet, se trouveront aisément : les peupliers du fond seront écrasés d'un ton uni au tortillon, repris ensuite dans les lumières à la mie de pain, l'indécision de la facture même donnera la légèreté au feuillage ; le tronc d'arbre (n° 2) est gratté à sa base de petites touches verticales à peu près uniformes, ce qui rend assez bien l'écorce : les racines des deux arbres qui se détachent en gris sur le fond, et qui courent à la surface du terrain, sont entièrement dessinées au grattoir. D'après nature, il y a deux mauvaises manières de procéder contre lesquelles l'amateur doit se tenir en garde : la première, est de dessiner le squelette des arbres entièrement, avant d'y placer le feuillage ; la seconde, qui est d'indiquer complétement les masses avant d'avoir dessiné les arbres. Ces deux manières sont défectueuses, et nuiront toujours à l'ensemble ; la première est sèche, la seconde est vague, et il faut, pour bien procéder, suivre toujours la méthode suivante : faire le fond comme pour tout dessin,

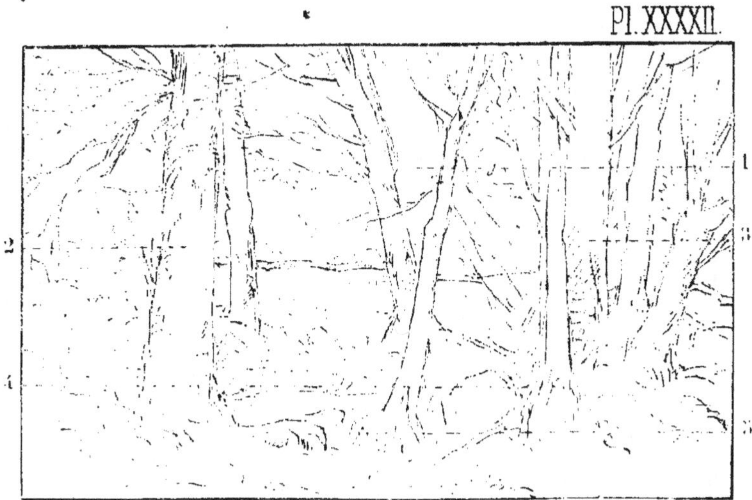

indiquer le terrain, puis l'esquisse extérieure des troncs d'arbres, masser ces troncs d'arbres, dessiner les branches, et partout où ces branches sont interrompues par des masses de feuillage, masser ce feuillage. Le fini de l'exécution viendra en dernier lieu, et l'on suivra la même marche progressive, de façon à ce que le dessin ne se trouve point entièrement terminé d'un côté seulement et très-peu fait de l'autre, mais qu'il se termine tout ensemble.

PLANCHE XLIII

UNE RUE DE VILLAGE

Il est très-important pour ce dessin de prendre des mesures très-exactes.

Le milieu de la largeur sera l'extrémité de la dernière maison de gauche (1), le milieu de la hauteur, le point (2) du peuplier de fond ; au quart, de part et d'autre du dessin, vous trouverez les deux petites portes des maisons (3 et 4), et, à l'aide de ces

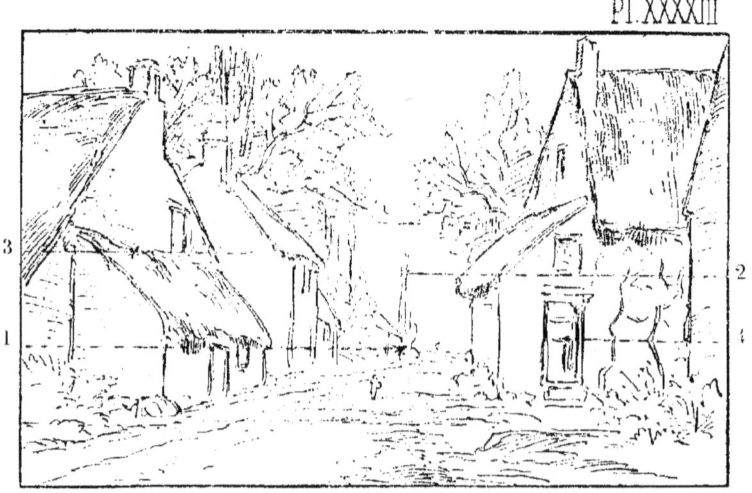

quatre points, vous pouvez obtenir exactement le reste du dessin. En commençant par la gauche, vous masserez les maisons en leur donnant tout de suite leur valeur : la première, vigoureuse; la seconde, dans la demi-teinte grise ; puis, les maisons de droite par le même moyen. Les toits de chaume seront traités au grattoir, les murailles avec des rehauts de fusain sur leur ton principal de fond : les arbres devront être traités largement, leur facture diminuant à mesure qu'ils sont dans un plan plus éloigné. Nous avons peu d'observations à faire sur l'interprétation de ce motif d'après nature; c'est celui que l'on rencontre le plus fréquemment et que l'on peut étudier partout; il est bon toutefois, pour avoir une certaine originalité, de se placer de façon à avoir un morceau très-exécuté sur son dessin, et le reste traité un peu en esquisse finie. Comme étude de perspective, on pourra choisir de préférence un chemin qui monte ou même un chemin qui descend. On m'a dit quelquefois qu'il était impossible de ne pas faire un chemin qui monte en essayant de faire un chemin qui descend. Certes, on ne peut pas reproduire exactement sur le papier une descente continue; mais à la ligne d'horizon d'un chemin, on peut parfaitement faire sentir que ce chemin descend à partir de ce point d'horizon, en graduant les arbres, fabriques, ou tous autres objets qui bordent ce chemin, de telle sorte qu'ils soient plus petits à mesure qu'ils s'éloignent du spectateur.

PLANCHES XLIV & LII

CASCADE — FORÊT DE FONTAINEBLEAU

Nous avons vu précédemment à la planche (32) la manière générale d'interpréter les tons de fond dans un sous-bois.

Nous n'y reviendrons pas ici en ce qui concerne la planche (44). Pour la planche (52), nous ferons observer que, bien que ces fonds soient de même nature, ils ne forment pas rideau, mais, au contraire, ils se dessinent sur le ciel dans leurs formes extérieures; ils devront par conséquent être plus soutenus de ton et plus modelés.

Dans cette même planche, les arbres ont aussi une facture
nouvelle ; ce sont des chênes, et ils devront, dans l'énergie de la
facture, en porter le caractère. C'est ce qui donnera la couleur
locale et reportera immédiatement le spectateur à la forêt de
Fontainebleau. Les terrains et les roches offrent également dans
ces deux planches des caractères bien distincts. Dans la *Cas-*

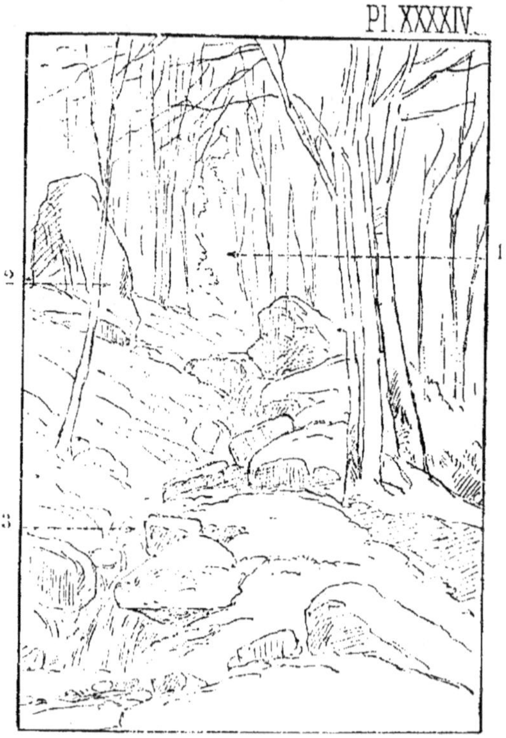

cade, ils affectent la forme anguleuse, et ce sont les rochers que
l'on rencontre le plus souvent dans les bois. A *Fontainebleau,*
les rochers, au contraire, affectent presque toujours la forme
ronde. Leur dessin se profile tour à tour en gris, lorsque c'est
le gris lui-même que l'on voit en vigueur lorsqu'il est chargé de
mousse. Nous ne vous donnons point du tout de détails de facture, parce que vous devez les posséder déjà ; mais nous vous fe-

rons seulement observer que rochers et terrains devront, avant le modelage, avoir un ton général presque uniforme, écrasé avec l'aide du tortillon ; enfin, vous pourrez traiter la fougère (n° 4) et

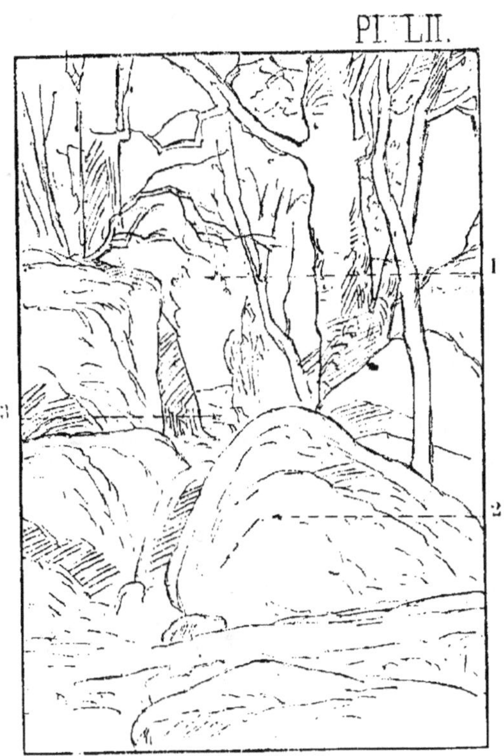

l'eau de la cascade du même ton lumineux à l'aide de la mie de pain, employée perpendiculairement pour l'eau, et de gauche à droite, en diminuant la touche à mesure que l'on arrive à la pointe de la feuille, pour la fougère.

PLANCHE XLV

UNE FONTAINE DANS LES VOSGES

Vous devez faire ici une esquisse cherchée avec soin, et modifier vos aplombs jusqu'à ce qu'ils soient bien exacts ; puis, vous mettrez chaque chose en valeur, réservant la grande vigueur pour les branches de l'arbre (n° 1) et la cavité (3) ; le ton gris de la muraille, vous pourrez l'obtenir au pouce, ce qui vous donnera le grain voulu ; le reste sera modelé au tortillon et re-

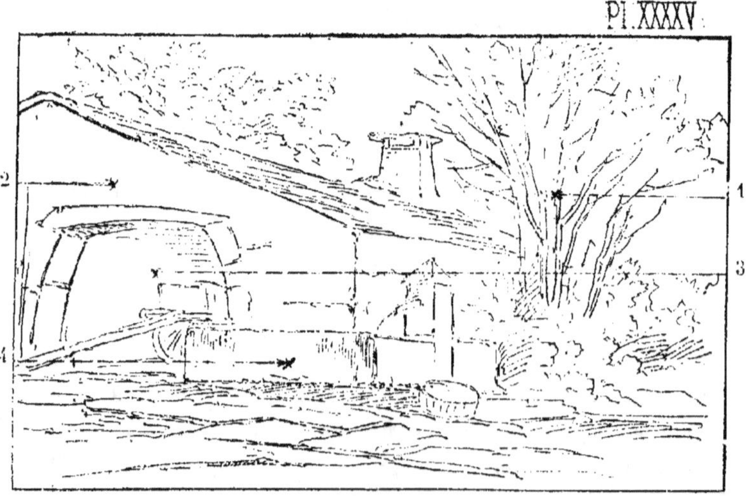

pris ensuite au fusain. Le toit ici est en tuile et un peu dans l'ombre : vous l'exécuterez avec un ton vigoureux et écrasé, que vous reprendrez ensuite avec des petites touches de fusain parallèles, qui devront être plus proches les unes des autres à mesure que le toit s'éloigne du spectateur. Vous pouvez ne pas vous préoccuper de la voiture qui est sous la remise ; vous pour-

rez toujours l'obtenir par la suite en la détachant du fond avec
un tortillon propre ou, au besoin, une estompe de peau. Remarquez aussi que dans les arbres de droite le grattoir a été beaucoup employé.

Enfin les arbustes qui se trouvent immédiatement au-dessus
du toit doivent avoir une exécution beaucoup plus nette et plus
détaillée, au point de vue de la forme extérieure, que les arbres
du fond, puisqu'ils sont beaucoup plus rapprochés et, pour ainsi
dire, à la même distance que le toit dont nous voyons les détails. Ce sont des sureaux en fleurs, fleurs que vous indiquerez à
la mie de pain. Ces sujets sont encore au nombre de ceux que
nous vous engageons beaucoup à étudier d'après nature ; ils permettent une exécution plus minutieuse et plus serrée que des
vues d'ensemble. Vous pourrez aussi essayer de les animer un
peu à l'aide d'une petite figure, quelques poules, canards, etc.

PLANCHE XLVI

BORDS DE LA MARNE — EFFET DE SOLEIL COUCHANT

On peut faire ici l'esquisse à grands traits et masser en vigueur les arbres qui bordent la rivière, et l'on fera bien d'exécuter entièrement le ciel avant de commencer l'exécution.

Nous remarquerons en passant que dans un soleil couchant
les nuages sont toujours éclairés en dessous, les eaux sont très-
noires et les lumières très-blanches et très-brillantes, ce qui tient
à ce que le soleil venant les frapper obliquement ne donne que
des reflets vifs et presque point de demi-teintes ; par la même
raison, les vigueurs générales du dessin se confondront un
peu dans la même tonalité, et les gris seront aussi de même
valeur.

Les études de soleil couchant faites d'après nature donnent une grande sûreté de main, les détails disparaissent presque complétement pour ne laisser de place qu'à l'effet, et, je puis bien le dire maintenant que nous sommes arrivés à la fin de nos travaux, le défaut que l'on reproche généralement, non pas à notre maître, mais à son école, c'est de s'occuper un peu trop

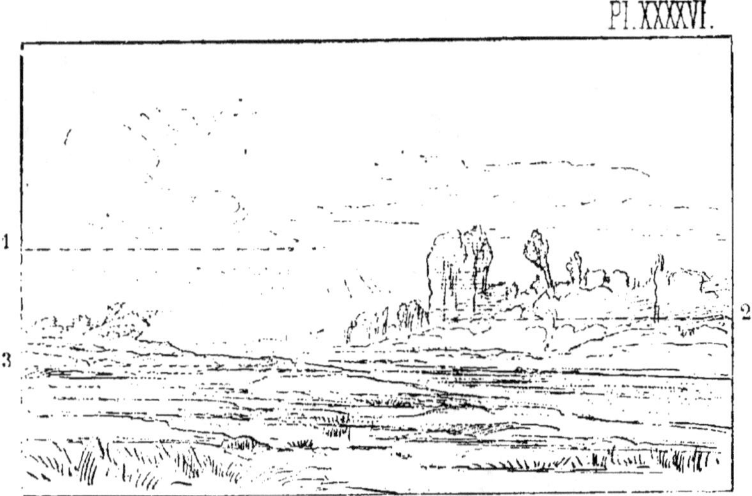

du détail et de l'exécution, ce qui, souvent, nuit à l'effet ; tâchons donc de réagir contre ce défaut puisqu'il nous est signalé, et oubliant peu à peu devant la nature la science que le maître vient nous donner tout d'un coup après avoir mis vingt années à l'acquérir, cherchons surtout à être nous-mêmes, et pour cela pénétrons-nous bien de ce principe que tout est dans l'effet.

PLANCHE XLVII

UN CHEMIN SOUS BOIS

Je n'ai absolument rien, chers lecteurs, à vous signaler à propos de cette planche, elle est le résumé des sous-bois que nous avons vus ensemble dans ce cours et aux instructions desquelles vous pourrez vous reporter. Si nous nous plaçons au point de vue de l'étude d'après nature, je vous ferai une remarque qui est un principe presque absolu en composition et

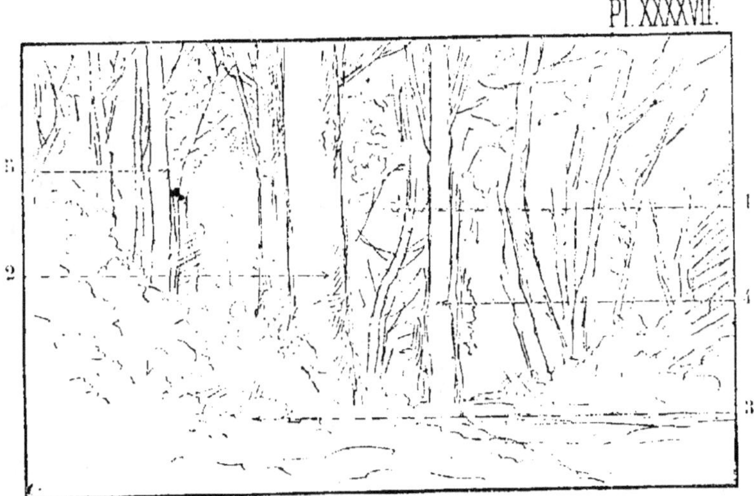

surtout dans le paysage, c'est que le milieu d'un dessin ne doit jamais être occupé par un objet saillant : ainsi vous remarquerez qu'ici les arbres (2 et 4) sont en dehors du milieu, l'un à droite, l'autre à gauche ; vous pourrez aussi observer que le proverbe latin : *Numero Deus impari gaudet* (*), a presque toujours son

(*) Les Dieux aiment le nombre impair.

application : les masses de troncs d'arbres marchent presque toujours trois par trois. Dans cette planche même, le petit arbuste qui se trouve entre les arbres (2 et 4) vient faire troisième avec l'un et l'autre.

Enfin, la physique nous démontre que l'ombre portée du soleil passant à travers le feuillage affecte toujours la forme ovale ; nous devrons donc nous y conformer en rendant ces effets sur le papier.

PLANCHE XLVIII

COTE DE LA MÉDITERRANÉE

Nous avons vu souvent des amateurs nous soumettre des

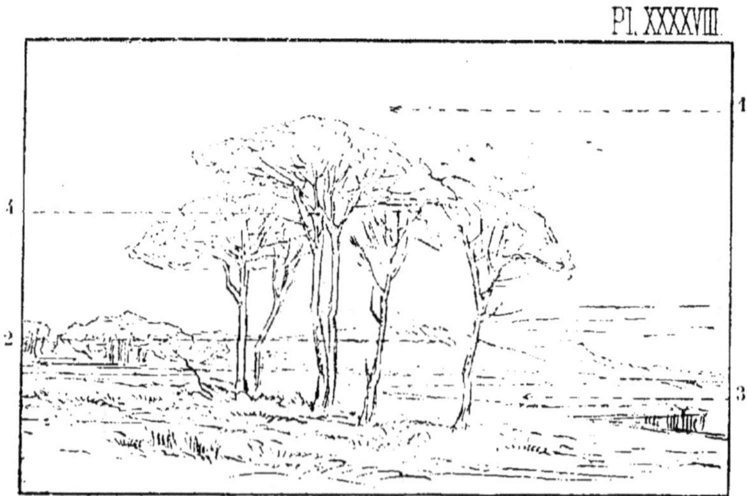

dessins exécutés en Italie ou en Provence et la critique que nous en faisions ordinairement était d'avoir un ciel beaucoup trop clair. Le ciel étant très-lumineux, nous dit-on, doit être d'une gomme très-claire, c'est là une erreur; il est très-lumineux c'est vrai, mais le bleu du Midi est toujours intense et vigoureux; il se rend en peinture avec le cobalt et le bleu minéral et presque point de blanc; le blanc, au contraire, domine si l'on travaille dans nos climats.

On devra donc en fusain observer les mêmes principes et rendre le ciel bleu (n° 1) du Midi ou de l'Italie beaucoup plus vigoureusement que d'habitude; la mer (3), qui reflète ce bleu, sans être séparée de l'œil par la couche d'air comme le ciel, sera plus vigoureuse encore et presque noire; la valeur brillante restera donc uniquement pour le terrain qui, généralement dans le Midi, est d'un jaune clair et sablonneux.

Dans le dessin qui nous occupe, nous trouvons en exécution nouvelle l'étude du pin (4). Cet arbre affecte généralement la forme ronde. On l'exécutera avec un frottis de tortillon repris par place avec quelques touches de fusain, en observant bien que généralement la silhouette se dessine sur le ciel par petites masses et jamais par feuilles.

Les collines de fond (4), d'un gris un peu plus foncé que le ciel, devront être d'un ton très-égal, et c'est le grattoir qui en modèlera les formes.

PLANCHE XLIX

ÉTUDE DE MER

La différence principale qui existe entre la planche (29) et celle-ci, c'est que dans la marée basse vous voyez le grain du sable qui a vite séché sous l'action du soleil, et qu'ici la mer arrive sur les rochers eux-mêmes qui prennent alors un aspect gris foncé, ce qui rend assez bien la falaise faite de terre grasse et argileuse de nos côtes normandes.

Cette étude nous présente encore un effet et eût pu s'appeler « un grain au bord de la mer. »

Vous modèlerez les nuages en vous servant de l'estompe, dite à patte de lièvre, en vous servant par conséquent du côté plat de cette estompe et en tournant de gauche à droite, on peut aussi se servir du pouce pour obtenir cet effet, mais l'usage en est moins heureux, car on obtient ainsi un grain un peu sec, qui ne vaut

Pl. XXXXIX.

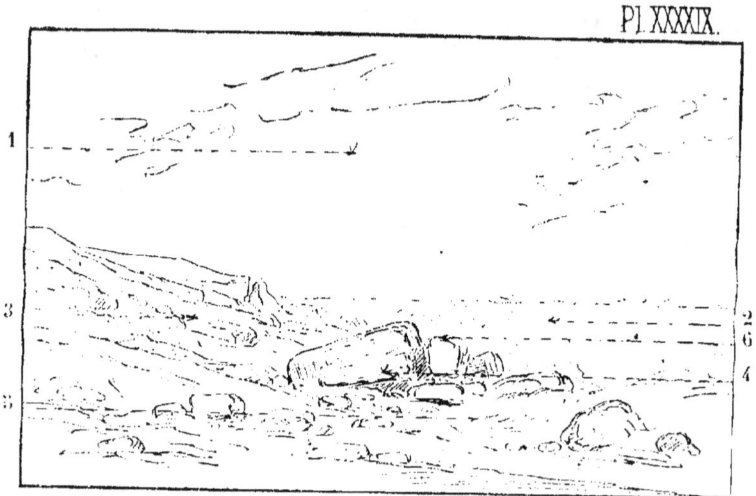

pas le modelé doux de l'estompe. La pluie qui tombe à grosses gouttes de ce ciel orageux se rendra par une traînée de fusain appliquée perpendiculairement de haut en bas, et un peu plus vigoureux dans la partie supérieure ; vous pouvez voir qu'entre les deux nuages et derrière cet effet de pluie vous avez des tons un peu lumineux et plus clairs que le ton de fond ; il est bien entendu que vous devez avoir soin de les modeler avant de poser votre traînée de fusain. Enfin cette traînée de fusain elle-même devra prendre naissance, non pas à la base, mais dans le corps même du nuage supérieur ; par un reflet qui se produit toujours en mer, le ton de l'horizon de la mer doit être très-vigoureux, sans cependant lutter avec aucune des vigueurs du premier plan.

La touche horizontale de mie de pain qui rend le brillant de la lame doit être d'autant plus irrégulière qu'elle s'éloigne vers l'horizon. Quant à la vague qui vient se briser contre les rochers, ne la réservez pas dans l'esquisse, enlevez-la entièrement à la mie de pain : dans la partie supérieure de cette vague employez le grattoir de façon à écorcher le papier, mais autant que possible avec assez d'adresse pour n'enlever que la moitié de son épaisseur.

Ces notions devront vous suffire pour exécuter de bons dessins d'après nature au bord de la mer. Vous devrez, dans vos premières études, vous placer un peu loin de votre sujet, cela vous simplifiera les lignes et les tons en ce qui concerne les falaises. Votre dessin sera complet si vous avez su choisir un effet de ciel intéressant et l'exécuter avec exactitude; puis peu à peu vous vous rapprocherez du point de vue, le même que le premier, si vous voulez, et vous aurez déjà une étude plus nourrie de détails; enfin ce sera une excellente étude pour vous-même et d'un profit certain, si, en vous rapprochant encore de votre sujet, vous avez la persévérance de le recommencer une troisième fois.

PLANCHE L

ÉTUDE EN PROVENCE

Rappelez-vous ce que nous avons dit à la planche (48), à propos du bleu du ciel, et comme ici le maître s'est placé à gauche du point de vue pour rendre son étude, la partie gauche du ciel devra également être un peu plus foncée que la partie droite.

Nous pensons que vous voyez assez clairement l'exécution générale de ce dessin pour qu'il ne soit point indispensable d'y revenir. La touche du figuier ressemble un peu à celle de la feuille du platane mais un peu plus large; les palmiers sont écrasés au tortillon, et pour exécuter les larges feuilles vous devrez par-

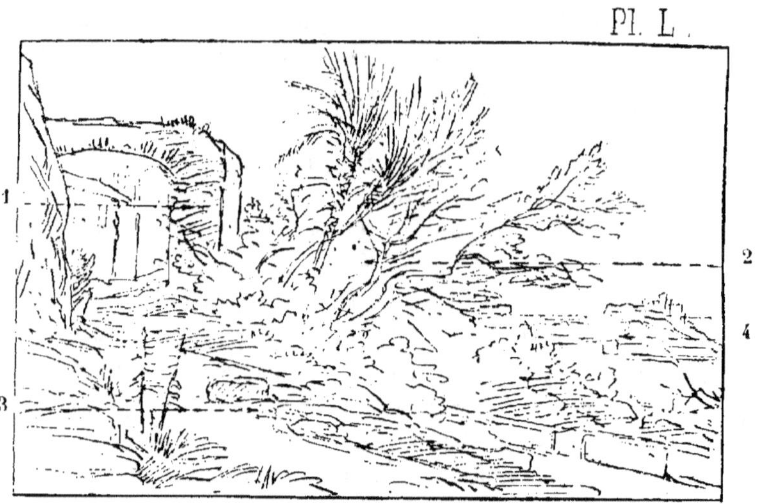

Pl. L.

tir de l'extrémité pour arriver vers le tronc : le cœur même de l'arbre se fondra mieux que si vous partiez du principe opposé, et votre fusain, s'usant à mesure que vous travaillez, vous aurez moins de peine à obtenir les finesses. A l'aide du petit fusain dit mignonnette, vous rendrez enfin les nervures de ces feuilles en partant du même principe.

PLANCHES LI & LIV

VUE PRISE AU FAHOUET (MORBIHAN)
SOUVENIR DE SOLOGNE

Ces deux dernières planches sont le résumé de nos études : aussi, de même que nous l'avons fait pour les principes (planches 1 et 2), nous pourrons, après les avoir exécutées une première fois de la même grandeur que le modèle, les rendre au double, au triple même de cette grandeur.

Pl. LI.

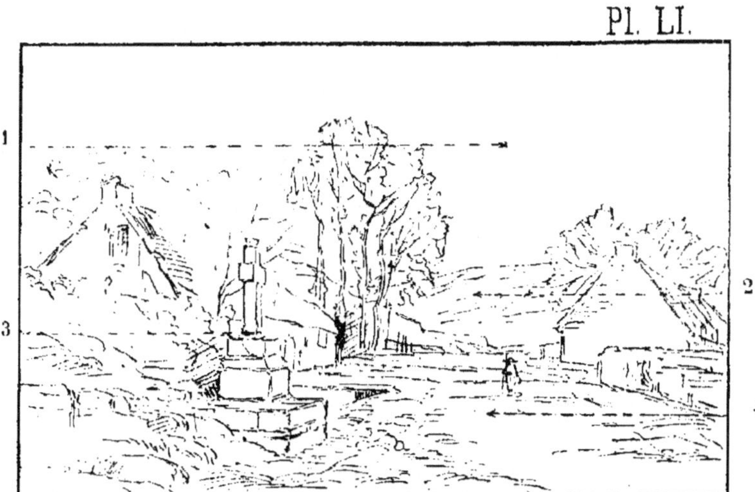

Ces exercices, que nous recommandons, vous donneront un peu plus d'ampleur dans la manière de faire, et d'ailleurs les motifs choisis par le maître comportent des proportions plus grandes. Et nous pouvons ajouter qu'en dernier lieu, si vous essayez de rendre de mémoire quelques-uns des sujets de ce cours, non-seulement la main deviendra plus habile, mais aussi votre œil saura mieux regarder et mieux servir votre mémoire.

Cette faculté est bien utile, si l'on songe à quel degré certains artistes la possèdent, puisque parfois d'un croquis à peine indiqué ils tirent un dessin complet. Cela nous montre aussi que l'étude faite le crayon à la main, d'après nature, n'est pas la seule qui fasse les paysagistes : il ne faut pas seulement que partout où vous vous trouvez face à face avec la nature dans vos promenades, à la pêche, à la chasse, etc., votre âme ressente des impressions, il faut encore que votre mémoire les conserve,

Pl. LIV.

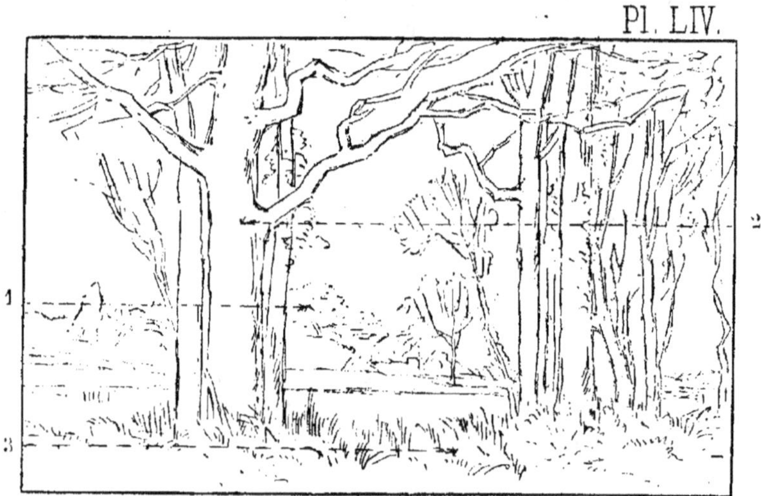

et c'est pour cela que toutes vos études doivent habituer votre œil à en garder l'empreinte. Ce ne sera évidemment que le résultat de longues études que je pourrais appeler méditatives ; mais enfin vous finirez par posséder cette faculté ; puis, elle s'imprimera en vous de telle sorte, que, lorsqu'un sujet de composition se présentera, ne serait-ce que sur quelques indications d'un croquis à peine fait, vous vous reporterez de vous-même à un ou plusieurs endroits analogues que vous aurez vus, et là encore, dans votre atelier même, pour rendre une composition, vous pourrez dire que vous travaillez d'après nature.

J'insisterai encore sur un exercice que je vous ai recommandé, et qui est de faire du fusain d'après de la peinture ; et quand vous entreprendrez ces études, oubliez d'une manière absolue qu'il y a des procédés dans le fusain. Ne rendez pas un détail, herbes, branches, etc., avec le grattoir, par exemple, parce que votre maître le rend ainsi ; il y a plus, si vous le sentez autrement, n'hésitez pas : soyez vous-même.

C'est surtout à ce point de vue que vous devez vous placer en faisant vos études d'après la peinture.

L'étude peinte est l'intermédiaire entre la copie du modèle et la nature, et vous êtes déjà plus à même d'aborder deux difficultés sérieuses : la couleur et les valeurs relatives.

Ce qui fait surtout le grand mérite des fusains d'Allongé et de son collègue Appian, c'est la coloration puissante qu'on y trouve et que l'on ne comprenait point autrefois ; il faut donc que vous cherchiez à être coloriste en fusain ; ne croyez pas à une exagération de langage, car être coloriste, ce n'est pas, ainsi que bien des gens le supposent, employer de la couleur, mais bien savoir observer les valeurs relatives en employant cette couleur. C'est ce qui nous permet de dire qu'à l'aide d'un seul ton on peut être ou n'être pas coloriste.

Voilà, chers lecteurs, tous les renseignements que nous avons cru devoir vous donner pour vous faciliter l'étude de ce *Cours de paysage au fusain.*

De plus amples digressions sur les théories picturales, même au point de vue de l'étude du fusain, seraient peut-être déplacées ici, dans ce *texte explicatif,* et nous sommes convaincus, d'ailleurs, que vous vous créerez à vous-mêmes les meilleures théories et les meilleurs principes, en allant discuter les nôtres d'après nature.

Paris. — Typographie Motteroz, 31, rue du Dragon.